WHAT IS THE UNIVERSITY QUALITY ASSURANCE?

大学の質保証とは何か

早田 幸政 編著

エイデル研究所

はじめに

　昨今、大学の質をめぐる論議が活発となっています。ここに言う「質」とは何を対象とした「質」で、大学の質はいかにして維持されるべきなのでしょうか。その質は、誰を名宛人として保証されるべきものなのでしょうか。

　第一に、維持されるべき大学の質について考えてみます。それは、何よりも「教育」や「研究」に向けられるべきです。しかしそれにとどまらず、適正かつ機動的なガバナンスの仕組みや健全な財政基盤がなければ大学の質の維持は望めません。

　第二に、大学の質は、これまでどのようにして維持され、今後は、いかにして維持されるべきなのでしょうか。

　今でも我が国では、大学の「名声」に対する信頼は絶大です。受験生を含む社会一般の人は、「大学入学ランキング」を通じて大学の質の判断をしてきました。さらに今日、「大学世界ランキング」が跋扈し、これが、大学の世界水準を判断する物差しとなりつつあります。

　ここで、今、大学の質保証装置として注目を集めている認証評価について考えてみましょう。認証評価には、大学を単体として包括評価するものに加え、高度職業人養成のための大学院プログラムの質保証を対象とするものがあり、その各々の種類ごとにさらに複数の評価機関が存在します。大学の高等教育機関としての重要性が声高に叫ばれ、「学生の学修（学習）成果」を重視する評価に注目が集まっていますが、そのための評価基準や評価の視点、さらには評価手法について、機関ごとに差異も見られます。そこで、大学の質保証の態様を認証評価機関ごとに見て、その中身を把握することも、大学質保証の在り方を理解する上で大切でしょう。

第三に、大学質保証の名宛人は誰なのか、について考えてみましょう。質保証に伴う直接の受益者は、もとより在籍学生や志願者といった「学生消費者」たちです。また、保護者や進路指導に携わる高校の先生方も直接の受益者とみてよいでしょう。さらに雇用者を含む社会一般の人々も、大学の質保証に対して直接、間接の関わりをもっているはずです。その意味では、国民全般が、納税者として大学の質保証の利害関係者と言えるのです。

　行政の責任者や大学の設置者は、大学の教職員と並び、現場で質保証の営為を第一次的に担う当事者です。各大学の評価の任に当る人々も、評価を通じ大学質保証の責任を担っていることから、大学質保証の重要な当事者です。

　本書は、大学とは何か、大学の質の良さの決め手は何か、大学の質保証はいかなる方法で行われているのか、といった大学制度の抱える現下の諸課題を、丁寧且つわかりやすく解説することを目的としています。本書をお読みいただき、大学関係者はもとより学生やその保護者の方々、高校の進路指導の先生方、企業・官公庁など雇用の現場の方々、さらには「大学」に関心を寄せる社会一般の方々が大学のもつ意義や大学質保証の営みについて、いささかでもご理解いただければ望外の幸せです。

　最後に、本書の刊行に当り、株式会社エイデル研究所の大塚孝喜さん、熊谷耕さん、兒島博文さんに並々ならぬお世話を頂くとともに終始懇切なご配慮を頂きました。ここにそれを記し、そのご厚情に対し、感謝の意を表します。

早田幸政
2015年4月

大学の質保証とは何か

はじめに ……………………………………………… 早田幸政　2

大学の質保証の実際

［総　論］
大学の質保証とは何か ……………………………… 早田幸政　8

［大学の質保証の実際 評価機関から］
公益財団法人 大学基準協会における
大学評価のポイント ………………………………… 工藤　潤　18

独立行政法人 大学評価・学位授与機構における
大学評価のポイント ………………………………… 岡本和夫　28

公益財団法人 日本高等教育評価機構における
大学評価のポイント ………………………………… 伊藤敏弘　38

一般財団法人 短期大学基準協会における
大学評価のポイント ………………………………… 関根秀和　48

一般社団法人 日本技術者教育認定機構における
大学評価のポイント ……………………… 三木哲也・青島泰之　58

一般財団法人 教員養成評価機構における
教職大学院評価のポイント ………………………… 成田喜一郎　70

論　文

- 学修成果から見た高等教育の質保証 ………………………… 山田礼子　82
- 教学マネジメントからの質保証 ………………………… 濱名　篤　94
- 大学教育の質保証を担う
大学教員の教育能力の質保証 ………………………… 佐藤浩章　106
- 職員が大学の質保証にどのように
関わるべきか？ ………………………… 船戸高樹　118
- 大学の質とグローバリゼーション ………………………… 齊藤貴浩　132
- 東アジアにおける高等教育質保証 ………………………… 堀井祐介　146
- 大学入学者選抜、高校教育、大学教育の
三位一体改革 ………………………… 橋詰悦荘　160

座談会

「大学の質保証とは何か」
　　　　　　　　　　　　金子元久・里見朋香・石塚公康・前田早苗　170

資料編

[中央教育審議会 答申の流れの解説]
大学の質評価に関わる重要な答申等
.... 田代 守・栗林 泉・松坂顕範　194

1. 中央教育審議会「我が国の高等教育の将来像（答申）」
   平成17年1月28日 194

2. 中央教育審議会「学士課程教育の構築に向けて（答申）」
   平成20年12月24日 198

3. 文部科学省「大学改革実行プラン」
   平成24年6月 203

4. 中央教育審議会
   「新たな未来を築くための大学教育の質的転換に向けて（答申）」
   平成24年8月28日 207

5. 「これからの大学教育等の在り方について」
   （教育再生実行会議第三次提言）
   平成25年5月28日 215

6. 「第2期教育振興基本計画」閣議決定
   平成25年6月14日 219

執筆者一覧 226

大学の質保証の実際

大学の質保証とは何か

早田幸政
Hayata Yukimasa
中央大学 教授

KEY WORD

内部質保証／認証評価／アウトカム

1 質保証の客体は何か

　近年、大学の質に対して、大きな関心が寄せられています。
　従来も、大学の質に対する関心の程度は、決して低くはなかったと言えそうですが、伝統校に対する社会的評価が確立していたことに加え、これを前提とした入学偏差値に基づく「大学ランキング」などが大学の質を評価する実質的役割を果たしていたこと等の理由で、ことさら大学の質を問題とする必要はありませんでした。
　しかしながら、少子化時代の只中、大学志願者や進学者の増加に伴い、これまで伝統校として評価されてきた大学も含め、全ての大学教育に創意工夫を加え、大学教育の質を向上させることを通じて、社会の安定と発展に貢献できる有為な活躍ができる人材を育成することの重要性への認識が急速に高まってきました。グローバル時代を迎え労働市場が地球規模での広がりを見せる中、大学教育の質をより確かなものとするための努力は、国際的な視野に立脚して営まれることが、我が国の大学に対

して要請されるまでになってきたのです。

　このように大学の質を考える上で、大学教育の質を如何に維持・向上させるべきかが重要ですが、それだけにとどまりません。大学が「学問の府」という普遍的価値原理に基礎づけられた公的組織体である以上、大学の教学を支える教員の研究の自由が十全に保障されることが必要不可欠です。昨今、国際化を先端的に展開する大学を選抜して知的推進拠点を形成する試みや、世界大学ランキングトップ100に10校以上をランクインさせる構想などは、研究の質の充実を抜きに語ることはできないでしょう。のみならず、大学の教育研究を支える物的資源の整備状況、大学の管理運営や財政運営の健全性なども、大学の質を維持・向上させていく上で必要不可欠な条件です。

2 質の保証は、何のために、また誰のために行うのか

（1）質保証の目的

　大学の質保証と「大学評価」は、厳密には異なる概念ですが、近年、同義のものとして用いられています。その理由は、いずれも、基準や水準に適合しあるいはそれを上回っているかどうかの判断を基礎に展開される営みであることに求められます。

　そうした大学の質保証の目的は、一般に、次のような点にあると考えられています。

> a)「大学」として必要とされる基準や要件を充足しているかどうかを判断し若しくは判定すること。
> b) 上記のような基準や条件の充足状況の確認の上に立って、大学の特質や要改善点を提示することを通じ、それぞれの大学の充実・発展を側面的に支援すること。
> c) 上記2つの事項を社会に公表することによって、大学の社会への説明責任を全うさせ（＝アカウンタビリティの履行）、社会一般の人々が、各大学の状況を多面的に把握できるようにすること。

以上が大学の質保証の目的です。この記述から判断する限りにおいて、それは、外部評価機関などが、個別大学を評価する場合に妥当するもののようにも見えますが、もとよりそれは、大学自身が、自己点検・評価や後述の「内部質保証」を通じ、自らの大学の質の保証を行う場合にもそのまま当てはまるのです。

（２）質保証の受益者
　大学の質保証は、おおよそ上述のような目的をもつものとされていますが、これら目的のいずれもが、大学の「受益者」(「利害関係者」という言葉に置き換えてもよいでしょう)の存在を前提に設定されたものということができます。
　そこで、大学の受益者とは誰なのか、ということですが、まず最初に挙げられるのが、在籍学生や大学入学志願者といったいわゆる「学生消費者」と呼ばれる人々です。その親たちや高校の進路指導を担う先生方も、学生消費者に準ずる位置づけがなされるでしょう。
　また、大学自身、質の保証がなされることで、その社会的信用が確保できるとともに、その営みの中から改善・改革の手がかりを引き出すことができる以上、大学の質保証の中心的な受益者であることはまず間違いありません。
　加えて、卒業生の雇用先である企業や官公庁、NPOなどの組織、さらには納税者といった社会一般の人々も、大学の質保証の直接、間接の受益者と言ってよいでしょう。もとより、大学の設置認可や事後監督、公的資金の配分等に直接的責任を負う国等も、大学の質保証に重大な関心を抱く立場にあります。
　今日の大学のグローバル化に伴い、我が国の大学の質保証への関心は、広く国外にまで及んでいます。

（３）大学の質保証の態様
　これまで見てきたように、大学の質は、志願者数が学生収容定員を大

きく上回っていた時代には、熾烈な大学入学者選抜を通じて確保されてきました。しかしながら、少子化時代を迎え、こうした大学入学者選抜は、大学質保証の側面で有効に機能するとは言い難い状況に陥っています。

　また、従来より、大学の公的質保証システムの中軸を担っていたのが、文部科学省令である大学設置基準等に依拠して運用がなされてきた大学等の設置認可制度です。しかしながら、規制緩和政策の流れの中で、大学設置基準を通じた規制が緩められる傾向が続いたことに加え、いったん認可した大学に対する行政上のコントロールには一定の限界があるため、大学設置認可制度が大学の質保証に対して果たすウェイトは低減化の方向にある、と言っても過言ではありません。

　こうした大学設置認可制度を補完する役割を担うものとして登場し、今や質保証の領域において枢要な地位を占めているのが、公的な大学評価制度です。それには、認証評価制度と大学法人評価制度の二種があります。認証評価は、さらに、大学機関別認証評価と専門職大学院認証評価に分別されます。

　このうち、認証評価は、国・公・私立といった設置形態の如何に関わらず、全ての大学がその受審を義務付けられているもので、一定の要件を充たした認証評価機関によって担われています。大学法人評価は、大学運営の効率性の確保を主眼に、国立大学法人や公立大学法人を被評価者として設置者自らが行うもので、上述した「質保証の目的」の中でも、とりわけc）の「大学の社会への説明責任」の視点が重視されます。

　そこで、以下にあっては、「質保証の目的」の全てを充たし、我が国の全大学を対象に行われる認証評価を念頭に置いて、記述を進めていくことにします。

3 「内部質保証」、「外部質保証」とは何か

（１）昨今の政府の政策提言に見る質保証の要請

　それでは、我が国の大学に対する質保証の在り方について、政府は、

どのような施策を打ち出しているのでしょうか。ここでは、さしあたり、中央教育審議会大学分科会「第7期大学分科会の審議事項」（平成25年4月4日）、教育再生実行会議「これからの大学教育の在り方について（第三次提言）」（平成25年5月28日）、閣議決定「第2期教育振興基本計画」（平成25年6月14日）に拠って、その政策動向を見ていくこととします。

　大学質保証に関する政策は、a）大学の営む教育活動の内容・方法等の水準の確保や充実・向上などに関わるもの、b）大学の質の確保とその充実・向上のため、大学外の機関が果たすべき役割等に関わるもの、の2種に大別することができます。次に、大学の質保証に関し、政府が関係者にどのようなことを求め、如何なる政策展開を図ろうとしているのかということを、上記の2区分に従って列記することとします。

---

a）大学の営む教育活動の内容・方法等の水準の確保や充実・向上などに関わるもの
- 学生の能動的な活動を取り入れた授業や学習法、双方向の授業など、教育方法の質的充実。
- 授業の事前準備や事後展開を含めた学生の学修時間の確保・増加。
- 学修成果の可視化、教育課程の体系化、組織的教育の確立など、全学的な教学マネジメントの改善。
- 厳格な成績評価の実施。
- 専門分野別評価の促進。

b）大学の質の確保とその充実・向上のため、大学外の機関が果たすべき役割等に関わるもの
- 設置基準、設置認可、認証評価等の大学の質保証に関するシステム間の相互連携を進め、質保証の徹底化を推進。
- 全学的な教学マネジメントの下での改革サイクル、すなわち「内部質保証」を通じた改善・向上の営みに対し、学修成果を重視した認証評価が行われるよう、大学の特徴が明確に把握できる指標の開発。
- 各大学の教育研究機能に着目した評価や企業や地域社会等の多様なステークホルダーの意見の活用、評価業務の効率化の推進。
- 認証評価機関や大学団体で運営される、大学教育情報の活用・公表のための共通的な枠組み（＝「大学ポートレート」）の積極活用。
- 専門分野別評価の促進。
- 国際的な質保証の体制や基盤の強化（日中韓の3ヶ国間の大学間交流を拡大させる「キャンパス・アジア」構想の推進など）。

以上見てきたように、大学質保証政策はさしあたり、質の維持・向上に向けた大学自身の自助努力に委ねられるものと、認証評価機関を軸とする第三者機関による評価を通じ質の担保が図られるもの、に区分けが可能ですが、そうした質保証の営為の特質として、次の諸点を挙げることができます。

　その第一は、大学自身の手で質保証を行うよう求められる事項は、いずれも教育上の営みに関するものである、という点です。第二は、第三者（機関）による評価のうち、とりわけ、認証評価が果たす役割の重要性が強調され、学修成果を重視するという視点から、改革サイクルが組み込まれた教学マネジメント、すなわち「内部質保証」の体制構築とその運用の機能的有効性を高める取組を側面的に支えることのできる評価の実施が認証評価機関に要請されている、という点です。第三は、設置認可を通じた事前規制と認証評価に拠る事後チェックを有機的に関連させることが企図されている、という点です。第四は、公表が義務づけられた個別大学の教育情報を一元的かつ系統的にシステム化するとともに、認証評価の局面でもその活用が指向されている、という点です。

　以上の事柄を通じて明らかになったことは、大学の教育改善に関わる事項は「内部質保証」の営みに任せる一方で、各大学の教学マネジメントの健全性を担保するための「外部質保証」の役割を、主に認証評価機関に委ねようとするのが、現下の大学質保証政策の流れであるということです。次に、大学の責任で行う「内部質保証」と認証評価機関の担う「外部質保証」の関係性について、あらためて見ていくこととします。

（２）「内部質保証」と認証評価の関係性

　これまで見てきたように、大学の質の充実・向上において、教育研究とこれを支える諸条件が、大学としての基本的要件を充足し、なおかつより高い水準に達することが不可避的に要請されます。教育研究については、その質について、大学の自律的責任に委ねられる比重が格段に大

きいことは言うまでもありません。とりわけ今日、我が国の大学に対しては、卒業時に「何を修得し得たか、何ができるようになったか」が可視化できる教育、すなわち学修成果重視の教育への転換が叫ばれる中、各大学は、自ら掲げる教育目標に即した実際の教育の質について責任をもつことが求められています。

　このことを念頭に置き、図〈内部質保証の対象領域と認証評価〉を見てください。

　上に述べたように、大学の教育活動は、それら全てが「内部質保証」体制の枠組みの中で、検証に付されることが要請されます。

　このうち、図にある「体系的なカリキュラムの開発と運用状況の評価」、「教育目標に即した『修得すべき知識・能力・技能』の明確化とそれらに見合った学修成果の測定・評価」、「学修成果を測定する手法の開発・確立と運用状況の評価」、「学修成果の『持続状況』の確認」は、教育活動の中枢をなすものであると同時に、目的・目標に対応した教育的営為の達成状況に関わる価値判断を伴うものです。そのため、これらの部分を対象とする質保証の責任は全て個別大学に委ねられることになります。ここでの認証評価機関の役割は、各大学が、内部質保証の枠組みを構築し、その枠組みの中で、教育改善の取り組みを効果的に成し得ているかどうかを、「間接評価」の評価手法を通じて確認することにあります。

　しかし、大学の教育活動は、大学の価値判断に委ねられるものばかりではありません。大学の教育環境の適切性や財務状況を評価する上で、学生の量的側面に関する事項の検証は欠かせません。教員組織や施設・設備の適切性の検証も、学生が良好な教育環境の中で勉学にいそしむ体制が整備されているかどうかを見る上で必要です。その理由は、それらが、不適切、不良である場合、学生の学習者としての利益を短期間のうちに損なうことにもなりかねないため、その是正を早急に図られねばならないことに求められます。のみならず、こうした事項の中には、大学設置基準などで法定化されているものもあるので、当該大学の法令遵守の状

内部質保証の対象領域と認証評価

内部質保証の枠組み	内部質保証の中軸	・体系的なカリキュラムの開発と運用状況（単位制度の実質化などを含む）の評価 ・教育目標に即した「修得すべき知識・能力・技能」の明確化とそれらに見合った学修成果の測定・評価 ・学修成果を測定する手法の開発と運用状況の評価 ・学修成果の「持続状況」の確認 （上記においては、アドミッション・ポリシー、カリキュラム・ポリシー、ディプロマ・ポリシーの設定とそれらの妥当性の検証を含む）	＜認証評価＞ 認証評価の対象 ［仕組みが整いシステムが適切に運用されていることを確認するある種の間接評価］
		・学生数や学生充足率など、学生の量的側面に係る事項の検証 ・教員組織の適切性の検証（とりわけ、量的側面について） ・施設・設備の適切性の検証 ・管理体制の適切性の検証	認証評価の対象 ［認証評価機関が直接評価］

大学評価の対象と評価手法

プロセス（プログラム）評価

インプット評価
- 目的・目標の適切性、教育研究組織の種類と学生数の規模、カリキュラムの適切性、教員組織の適切性、施設・設備の適切性、財的資源の適切性、管理体制の適切性等。

（狭義）プロセス評価
- Teaching/learningの適切性、FDの適切性、学生・学習支援の適切性、マネジメントの適切性等。

アウトプット評価
- 十全な学生確保、財務の健全性、就職・進学先の確保、資格試験の合格状況、研究成果の産出状況等。

従来、認証評価を通じ、これらを全体に亘り評価。

アウトカムズ・インパクト評価

目標に見合った学修成果の測定・評価
- 知識・能力の涵養状況（入学から卒時まで）の測定・評価
- 進路選択の状況把握とその評価

学修成果を測定する手法の開発とその運用状況の評価
- 「期待する学修成果」を実現できるカリキュラム構造の構築とその効果的運用
- 成果指標の開発とその効果的運用

学修成果の「持続状況」確認
- 卒業生に対する評価
- 雇用者などに対する評価

「内部質保証体制」の評価

認証評価では、最低要件が遵守されていることを確認した上で、教学事項の評価は、大学の自律性に委ねるべき。「内部質保証体制」の評価は、認証評価の核になりうるがそれは「メタ評価」、に徹すべき。

況を確認する上でもその検証は不可欠です。こうした諸条件が、大学により適切に管理・運営されていることも、財務状況と併せ、その中身に踏み込んだ評価が必要な場合が少なくないでしょう。いずれも、学生の利益、さらにはそこで職務に従事する教職員の利益を確保するという点にそうした評価を行うことの正当性の根拠を見出すことができるでしょう。そしてこれら一連の事項は、個別大学が、内部質保証の枠組みの中で、その適切性の確認をするよう求められると同時に、認証評価機関も、多くの場合、こうした事項を「直接評価」することにもなるのです。

　各大学は、内部質保証システムに組み込まれた改善・改革サイクルの中で、自身の組織・活動の向上を図るとともに、時宜に応じ、その結果の公表が要請されます。また、認証評価機関も、評価対象の性格に応じて、直接、間接の各評価手法を併用しながら、それぞれの大学の質が如何に確保されているかを挙証するとともに、所要の改善・改革の方策を大学に提示します。認証評価の結果は公表され、社会的支出に支えられ公的な高等教育を担う教育機関としての大学の現状やその役割が、認証評価機関の手で社会に明らかにされます。認証評価結果は、文部科学大臣にも報告されますが、このことについては大学のコンプライアンスの確認を実質的に担っている認証評価機関の責務と関連づけて理解すればよいでしょう。

4 結び

　これまで見てきたような学生の「学び」の質が大学質保証の中心軸に据えられること自体に大きな異論はないように見受けられます。ところが、高大接続に関わる2014年の中央教育審議会答申が端的に示すように、学習指導要領に依拠しこれまで専ら初・中等教育、後期中等教育の中で希求されてきた「確かな学力」の裏付けを伴う「生きる力」を、高等教育の「場」で一層発展させていくことの必要性が強調されるようになっ

てきました。このように、昨今、我が国の初等教育から高等教育に至る一貫した学制体系の中で、生涯に亘って求められる知識やコンピテンシー等を培うことが教育政策の柱となってきています。

そうした流れの中で、大学は今後、入学から卒業までの学修成果の測定・評価を行う際の「測定・評価の起点」を入学者の高等学校卒業時の学習仕上がり度に求めることになるかもしれません。そうした意味において、大学の「学び」の質は、高等教育という完結した教育体制の中だけではなく普通教育との接続関係の中でその保証が求められることになると考えるべきでしょう。このことは、同時に、入学者選抜の在り方やそれと密接に関連する入学者受入れ方針との関わり合いの中で、それぞれの大学毎に教育の新たな「質」の探求が開始される必要があることを予兆しているのかもしれません。

最後に、今日、社会経済的な活力の低下に対する国民各層の危惧や不安がぬぐえず、その国際的競争力にも陰りが見える中、「知」の拠点である我が国の大学に対し期待が高まる一方で、様々な角度から、大学の在り方について厳しい要望も提起されています。

こうした背景の中、どの大学で学べば納得のいく成果が得られるのか、そして「この大学をより良くしていく」ためにはどうすればよいのか、といった大学を取り巻く関係者の疑問は、「大学の質とは何か」、「大学の質は、どこでどのように評価されているのか」、「質の良し悪しを知るにはどうすればよいのか」という論点に収斂されていくようにも見えます。

本書は、こうした大学への疑問や大学が抱える課題を真正面から捉え、様々な視点から、それらを具体的に論究しています。詳細は、本書掲記の「座談会」や各論稿に譲りますが、「大学の質保証」の問題の究明は相当程度進んでいると同時に、未解明の部分も少なくありません。本書を読まれその抱える課題の重要性を認識してくださった読者の皆さん共々、さらにこの問題について考えていく機会を得たいと思っています。

公益財団法人大学基準協会における大学評価のポイント

工藤　潤
Kudo Jun
公益財団法人 大学基準協会 事務局長／大学評価・研究部長

KEY WORD

大学の自主性・自律性／自己改善メカニズム／内部質保証

1 はじめに

　大学基準協会（以下、本協会という。）は、1947（昭和22）年、アメリカのアクレディテーション機関をモデルに設立された大学団体です。本協会はその設立にあたり、「会員の自主的努力と相互的援助によってわが国における大学の質的向上をはかる」ことを目的に掲げ、教育研究水準の維持向上については、大学が自主的・自律的に取り組み、大学人の専門的知見のもと相互にその質を高めていくことを公的に目指していくこととなりました。本協会のこうした理念、すなわち、大学が自らの手で教育研究水準の維持向上に不断に努めていくことを重要視する考えは、本協会設立後の会員相互資格審査（適格判定）から現在の大学評価（認証評価）に至るまで、連綿と生き続けています。
　特に、2014（平成16）年度から始まった認証評価制度において、本協会の評価の特徴の1つに「自己改善機能を重視した評価」を掲げています。つまり、大学評価の基礎となる自己点検・評価については、教育研究活

動を含む大学のあらゆる側面について現状を把握しそれを分析して問題点や長所を洗い出し、問題点についてはその改善策を、長所についてはさらに伸長させるための方策を導き出すことが肝要であるとし、こうした自己点検・評価を通じて大学の改善・改革を促進させる評価(自己改善機能を重視した評価)を実施しています。

さらに、2011(平成23)年度からの第2サイクルの認証評価では、本協会の理念を評価システムにより一層反映させ、自己改善メカニズムの有効性を高めていく観点から、内部質保証システムの構築とその有効性に着目した評価を実施しています。

本稿では、本協会の評価システムを概観した上で、第2サイクルの認証評価のポイントの解説を試みることといたします。

2 本協会の評価システム

(1) 評価基準と評価項目

本協会は、評価基準である「大学基準」を、「大学基準協会が行う大学評価の基準」と同時に、「大学が適切な水準を維持し、その向上を図るための指針」と位置づけて、以下の10項目について基準を提示しています。

大学基準の構成

①理念・目的	⑥学生支援
②教育研究組織	⑦教育研究等環境
③教員・教員組織	⑧社会連携・社会貢献
④教育内容・方法・成果	⑨管理運営・財務
⑤学生の受け入れ	⑩内部質保証

「大学基準」は、それぞれの大学の個性・特徴を尊重する立場から、大学の理念・目的に重要な位置づけを与え、その理念・目的の実現を目指して改善・改革を促す観点に立って定められています。また、この大学基準は大学の多様性に配慮して極めて抽象的に定められているため、10基準に対してそれぞれ解説（「大学基準の解説」）が付されています。

　この大学基準と解説から、大学を評価する上で重要な事項を抽出し、45の点検・評価項目を設定しました。この点検・評価項目のうち「①理念・目的」及び「②教育研究組織」を除く8つの大項目において、「方針」の明確化を求めていることが特徴の1つとなっています。例えば、学生の受け入れ方針（アドミッション・ポリシー）、教育課程の編成・実施方針（カリキュラム・ポリシー）、学位授与方針（ディプロマ・ポリシー）の3ポリシーの他に、「③教員・教員組織」では教員組織の編制方針、「⑥学生支援」では学生支援に関する方針、「⑨管理運営・財務」では管理運営方針、「⑩内部質保証」では内部質保証の方針などを策定してこれを明示することを求めています。

　また、各大学が自己点検・評価する際の参考指針として、「評価の視点」を示しています。「⑥学生支援」を例にとると、ここでは次の4つの点検・評価項目を設定するとともに、各項目において「評価の視点」を例示しています。

（1）学生が学修に専念し、安定した学生生活が送ることができるよう学生支援に関する方針を明確に定めているか。
＜評価の視点＞
・学生に対する修学支援、生活支援、進路支援に関する方針の明確化

（2）学生への修学支援は適切に行われているか。
＜評価の視点＞
・留年者および休・退学者の状況把握と対処の適切性

- 補習・補充教育に関する支援体制とその実施
- 障がいのある学生に対する修学支援措置の適切性
- 奨学金等の経済的支援措置の適切性

(3) 学生の生活支援は適切に行われているか。
＜評価の視点＞
- 心身の健康保持・増進および安全・衛生への配慮
- ハラスメント防止のための措置

(4) 学生の進路支援は適切に行われているか。
＜評価の視点＞
- 進路選択に関わる指導・ガイダンスの実施
- キャリア支援に関する組織体制の整備

　「評価の視点」はあくまで例示であって、すべての大学が一律に依拠するものではありません。大学が自己点検・評価する際、大学の特性などを考慮して取捨選択するとともに、別の視点を設定し点検・評価することも可能としています。

(2) 評価プロセス

本協会の評価プロセスは、大要、次の図に表すことができます。

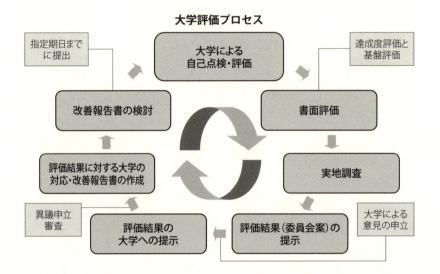

本協会の評価の特徴の1つに、「大学に対する継続的改善支援」があります。それは、評価結果で提示された「努力課題」及び「改善勧告」について、次の大学評価申請の中間時点（3年後）までに改善報告書を提出させ改善状況を評価するものです。本協会は、単に7年に一度、評価を実施するだけではなく、継続的に大学の改善・改革を支援する体制をとっています。

(3) 評価方法

本協会の大学評価では、基盤評価と達成度評価の2つの側面から評価を実施しています。基盤評価は、すべての大学に共通して求められる学校教育法や大学設置基準等の法令要件が遵守されているかどうかを評価することで、達成度評価は、理念・目的・教育目標を達成するために大学はどのような努力を払っているか、また各取り組みによりどの程度達

成されているかなどを評価することです。

　認証評価は、わが国の大学質保証システムの1つとして法令要件の充足のみに焦点化し、設置審査－アフターケアの連続性の中に位置づけるべきとの主張も見受けられますが、本協会は単に法令要件のみのチェックだけでなく、大学の個性、特徴を尊重し多様な発展を促進させる評価が重要であるとの立場から、達成度評価をとり入れています。

　基盤評価及び達成度評価のそれぞれの観点は、本協会が発行する『大学評価ハンドブック　申請大学用・評価者用』（2014年）に「大学評価評価に際し留意すべき事項」（以下、留意事項という。）としてその一部を公開しています。さらに、大学評価の中心をなす大学評価委員会が提言（長所、努力課題、改善勧告）等を付すにあたり合意してきた事項をまとめた「大学評価委員会　評価に際しての指針」（以下、指針という。）も公表しています。この指針は、これまで委員会の内部資料として非公表扱いにしてきましたが、留意事項と同様、評価にあたっては、大学の設置形態、地域性及び学部・研究科の特色などに留意しつつ弾力的に取り扱うこと、指針の中で示されている数値はあくまで目安であり、それだけに拘泥し評価しないことと位置づけて公表に踏み切りました。

3 大学基準の改定からみる主な評価のポイント

　現行の大学基準は、2011（平成23）年度の第2サイクルから適用するために改定されたものですが、改定にあたり新たな評価ポイントとして次の観点を盛り込みました。

　1点目は、大学教育研究活動の有効性を高めていく上で、教員組織の適切な編制とともに、教員個々人の資質向上を求めたことです。大学が教育研究活動を組織的に展開するために、各教員の役割分担と連携の組織的体制の確保並びに教育研究にかかる責任の所在の明確化が重要であ

るとの認識を示すとともに、教員の資質向上を図るための組織的研修・研究の必要性、すなわちファカルティ・ディベロップメント（FD）の実施を大学の重要な取り組みと位置付けました。特に、FDについては、これまでは「教育内容・方法」の基準において、授業内容・方法の改善に焦点を絞りその必要性を指摘していましたが、FDは、授業内容・方法の改善のためだけではなく、大学教員に求められる資質をより広義に捉えて、研究面なども含めた教員の資質向上を図るための組織的研修・研究であるべきとの立場を明確にしました。したがって、評価においては、教員の資質向上に関する幅広い組織的取り組みが効果的に実施されているかが問われます。

　2点目は、学生の受け入れ方針（アドミッション・ポリシー）に加えて、学位授与方針（ディプロマ・ポリシー）、教育課程の編成・実施方針（カリキュラム・ポリシー）の明確化を求めたことです。これは、学位の質保証の観点から、学位授与方針については、例えば学士課程教育においてどのような知識・技能・態度等の能力の修得を目指すのかなど課程修了時の成果とともに、卒業要件・修了要件、学位授与基準などを明確に示すこと、また、教育課程の編成・実施方針では、こうした学位授与方針に明記された課程修了時の成果を修得させるための教育課程の編成の考え方、教育方法のあり方を明確に示すこと、そして、学位授与方針と教育課程の編成・実施方針の連動性を確保することを求めています。

　3点目は、学生の学修成果の重視を志向したことです。こうした方向をとった背景には、グローバルな知識基盤社会において、修得した知識の活用能力が極めて重要であること、高等教育のグローバル化が進展する中で、知識・能力等の修得の証明である学位の透明性、同等性が要請されていること、産業界から大学教育に対して職業人としての基礎能力の育成が求められていることなど、大学に対する社会的要請が高まっていることなどが挙げられます。

　学修成果の重視は、前述の学位授与方針、教育課程の編成・実施方針

の明確化とも密接に関連しています。すなわち、大学が明定した課程修了時の知識・技能・態度等が修得されたかどうかを、大学が自らの手で検証する仕組みを構築すること、また検証結果が教育の改善に結びつくものとなっているかが重要な評価の視点になってきます。

　4点目は、内部質保証システムの構築を求めたことです。第1サイクル（2004年～2010年）の大学評価の結果を見ると、自己点検・評価について何らかの問題点の指摘を受けている大学は、324大学中、約180大学に上ります（勧告、助言のほか、自己点検・評価の総評部分も含む）。その指摘の中で特に多く見られたのが、自己点検・評価結果の活用に関するものです。自己点検・評価は、「大学が負っている最重要の課題を自主的に遂行し、社会的責任を果たしていくために、大学は不断に教育研究活動等の現状を把握し、点検し、評価し、それに基づいてそれぞれの大学とその大学の教育の改善・改革を行う」（『大学の自己点検・評価の手引き』大学基準協会、1992年より抜粋）ための手段であるべきはずのものが、多くの大学では、自己点検・評価結果を改善に結び付けるところまで至っていませんでした。

　本来、大学は、自主的・自律的に大学教育の質の保証・質の向上に取り組まなければなれません。本協会は、第1サイクルの現状を踏まえ、より自己点検・評価の客観性・妥当性を高め、改善システムが全学的な責任体制の下で十全に機能することを求めて、また、大学が実施している教育が一定水準にあること、水準の維持・向上に向けて不断の努力を払っていることを大学自らの責任で証明することを求めて、各大学に内部質保証システムの構築を要請しました。

　なお、本協会は、『大学評価ハンドブック　申請大学用・評価者用)』（2014年）において、内部質保証を次のように定義しています。

> **PDCAサイクル等の方法を適切に機能させることによって、質の向上を図り、教育・学習その他サービスが一定水準にあることを大学**

| 自らの責任で説明・証明していく学内の恒常的・継続的プロセス。 |

　この定義から、大学は3つの観点に留意しなければなりません。1つ目は、大学教育の実質化のための改善メカニズム（PDCAサイクル）を構築して「質の向上」を図ることです。その際、内部質保証の中核を担う自己点検・評価の客観性・妥当性を担保し、その実質化を図るために、エビデンスに基づく評価を実施すること、自己点検・評価結果に対して学外者の意見を取り入れること、そして自己点検・評価結果及び学外者の意見を改善に生かすことが重要です。

　2つ目は、大学教育が一定水準にあることを大学自らがステイクホルダーに対して説明・証明することです（「質の保証」）。内部質保証システムを、単にPDCAサイクルを通じた大学教育の改善システムと同義に捉える向きもあります。しかしながら、大学は公的資金に支えられた公共的機関であり、説明責任を果たさなければなりません。大学は、教育水準が一定レベル以上にあることを検証した上でこれを保証する第一義的責任を有しており、「内部質保証」には、当然、保証する行為も含意されていることに留意する必要があります。

　3つ目は、内部質保証は、全学的責任体制の下で、恒常的・継続的に実施されるプロセスであるということです。特に、その責任体制下では、内部質保証に関する方針と手続きを定めて、それを全学的に共有し、内部質保証システムの有効性を高めていくことが求められます。

4 おわりに

　認証評価制度は、その導入からすでに10年が経過し、第2サイクルの中盤に差し掛かりました。大学を取り巻く状況が刻々と変化しており、それに合せて評価のあり方も進化させなければなりません。現在、本協会では、2018（平成30）年からの第3サイクルに向けて、大学評価システムの改革のための検討に入っていますが、その基盤に据えているのは内部質保証システムの有効性を一層高めていくことです。

　大学が主体性を持って質の向上と質の保証に取り組むことを、評価を通じて一層促進させることは、本協会の理念であります。第3サイクルもこの実現に向けて認証評価に取り組んでいく予定です。

参考文献
- 「適格判定について」大学基準協会、1951年
- 『大学の自己点検・評価の手引き』大学基準協会、1992年
- 「大学基準協会が実施する新大学評価システム―内部質保証システムの構築の重要性―」『大学評価研究』第9号、大学基準協会、2010年
- 工藤潤「学士課程教育と学士力の実質化―認証評価からみた現状と課題―」『大学教育学会誌』第34巻第2号、2012年
- 「大学改革実行プラン～社会の変革のエンジンとなる大学づくり～」文部科学省、2012年
- 『大学評価ハンドブック　申請大学用・評価者用』大学基準協会、2014年
- 「大学評価委員会　評価に際しての指針（2014（平成26）年度版）」大学基準協会、2014年
（http://www.juaa.or.jp/images/accreditation/pdf/handbook/university/2014/shishin_01.pdf）

独立行政法人 大学評価・学位授与機構における大学評価のポイント

岡本和夫
Okamoto Kazuo
独立行政法人 大学評価・学位授与機構 理事

KEY WORD

内部質保証／学修成果／国際通用性

1 はじめに

　昨年 4 月 24 日に認証評価機関連絡協議会主催の評価担当職員研修会が行われました。このような研修会は毎年この時期に行われているものです。当日は文部科学省高等教育局の田中聡明高等教育政策室長の基調講演に加えて、グループディスカッションが行われ、各認証評価機関から全体で100 名以上の職員が参加しました。グループディスカッションのテーマは大学の教育情報の公表と活用に関するもので、各機関から選ばれた若手職員が自ら相談して決めたものです。このテーマは我が国の「質保証」についてその現状と課題を的確にとらえるものとしてタイムリーなものでした。認証評価機関連絡協議会は、大学の機関別あるいは専門職大学院に係る認証評価を実施している機関が任意に参加して平成 23 年に設置され、研修、情報交換や評価に関する公表などを行っています。現在ではほとんどの認証評価機関が参加し、大学評価・学位授与機構が事務局を務めています[*1]。

当たり前のことですが、教育制度は各国ごとに独自のシステムを持っており、高等教育も例外ではありません。高等教育制度が異なればその評価のシステムも独自なものです。高等教育に関する評価制度はイギリス、アメリカで先行的に進められたのでそれらの国が先進的であろうと思われるかもしれませんが、「先進国」の制度を導入すれば良い、というほど簡単ではありません。実際にイギリスとアメリカを比較してもお互い異なる制度で大学評価が行われています。

　本稿の主題は、我が国の「質保証」の現状と課題を紹介することです。

2 認証評価

　我が国で実施されている認証評価[*2]とは日本独特の用語で、文部科学省が認可した機関による評価、という意味です。決して評価機関が大学を機関として認定しているものではなく、専門職大学院の課程に適格認証を付与しているものではありません。唯一の例外が法科大学院の認証評価です。外国の評価機関や大学などに説明するときに注意を要します。

　日本の4年制大学については、大学基準協会、日本高等教育評価機構と大学評価・学位授与機構の3機関が機関別認証評価を実施しています。大学はこれらの3つの機関から7年間に1回、自由に選んで受審すること[*3]が定められています。すでに1サイクルは終わっていますので、大学は新設大学を除いてすでに1回は受審したことになります。現在は2サイクル目で、自由に選んで、と言っても現実的には1回目と同じ機関で受審することがほとんどのケースです。それにしても受審機関を大学が選択できることは我が国独自のシステムです。イギリスを始めとするヨーロッパ諸国での大学等の評価は単一の機関が担当している場合が一般的です[*4]。どのような方式がベストか、という絶対的な基準があるはずもなく、各国の高等教育の実情に合わせたシステムを構築することが肝要です。日本式方式は良い点がある、と言って下さる海外の高等教育行政担当の方もおります。

3 質保証と評価

　「大学評価」と簡単に言ってしまいましたが、日本語の「評価」という言葉は成績評価とも使われるようにある意味で一方通行のような気分が残っています。「大学評価」を実施するときの項目を「評価基準」と言いますが、これを基準厳守というか、そうしなければならないもの、と理解すると大学ごとに個性が生きてきません。また、評価に対応する英語も複数あり多義的[5]な言葉です。外国では大学評価よりも質保証を使うことが多く、日本語としても適当です。「認証評価機関」が我が国独特の用語と書きましたが、国際的にも質保証機関[6]の方が通りは良いのです。そこで最近では質保証を普通に使います。「評価基準」は「質保証」の参照基準と言い換えた方が適当です。そこで、制度上の用語は評価基準なので本稿でも使いますが、「評価基準は質保証の基準」と読み替えていただけると幸いです[7]。大学が教育において保証するべき質の対象は教育・研究の内容と水準など様々なものがありますが、究極的には授与される「学位の質」の保証に突き詰めることができます。もちろん各大学こそが最終的に責任を持つべきものです。

4 質保証の課題

　日本の高等教育の質保証は、大学設置の際の審査により担保されてきました。この制度はいわゆる規制緩和の流れの中で簡略化され、事前審査に加えて事後もきちんと見る、ということで「認証評価制度」が導入されたのですが、10年経って種々の問題が生じています。ここでは2つの点を指摘しておきます。

　第一に政策的な課題があります。「認証評価」は学校教育法に定められた大学の義務として7年に1回受審することとなっていますが、受審しなかった場合、受審しても基準を満たさなかった場合、そのまま学生受

け入れを続けたとしても大学がつぶれるわけではありません。大学経営の問題点から閉鎖された大学があり「評価」は何を見ているのか、と問題になったことがありました。しかしこの意味で「認証評価制度」は法的な拘束力を持っていませんので、質保証の観点から制度的な検討が求められています。

　的確な大学の選択は受験生と保護者、高等学校やその他の教育機関関係者に委ねられているわけですが、そのために必要かつ十分な情報を求める風土があるか、より本質的にはそのような情報が大学側から十分に提供されているかが、大きな課題です。これが第二の点です。この点については「認証評価機関」にも当然の責任があります。各機関が個別に努力を重ねていることはもちろんですが、全体としてできること、しなければならないこともあるわけです。そのために「認証評価連絡協議会」でも我が国の質保証の向上に努めており、その1つが本稿の冒頭に紹介した研修会の実施です。

5 評価の検証

　「機関別認証評価」の2サイクル目に入っている、と上に書きましたが、大学評価・学位授与機構[8]でも1サイクルの実施が終了した後、その検証を行いました。受審した各大学の担当者と実際に評価作業に当たった評価者に対してアンケート調査を各年度ごとに行ってきたところですが、その結果をまとめて研究開発部の教員と事務方の評価事業部とが協働で検証しました。その検証結果[9]からいくつかの論点を紹介します。まず、次の表を見てください。

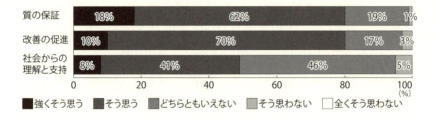

　これは平成17年度から平成23年度にかけて実施した143校[*10]の機関別認証評価について対象校の担当者に対して、「認証評価の目的は達成されたか？」を尋ねたものです。目的に合わせて「質の保証」、「改善の促進」と「社会からの理解と支持」の3つの観点ごとに質問しています。この3つの観点は機構が実施する機関別認証評価の目的になっています。

　質保証の視点からまとめれば、大学が自ら行う内部質保証という観点では機関別認証評価という外部質保証は「質の保証」と「改善の促進」についておおむね目的が達成されていると言ってよいのに対して、「社会からの理解と支持」については大学も機構も共に更なる努力が求められています。上述の課題が具体的に表れているわけです。なお、評価者に対するアンケートからも同様の傾向が読み取れます。

　ここでは特に図表は載せませんが、第1サイクル目ということもあって、大学では機関別認証評価を受審するにあたって費やされた作業量はとても大きい、というアンケート結果もあります。ただ、大きな作業量に比して得られた効果はあった、コストパフォーマンスは悪くなかったことも結果として現れています。大学に過重な負担をかけることなく、十分社会が納得できるような評価結果を発信することが求められています。

　次の表は「評価を受けたことによる効果・影響」を、自己評価すなわち内部質保証の観点と、評価結果すなわち外部質保証の観点に分けて、対象校の意見を求めた結果です。いくつかの項目について、受審した大学が効果・影響をどのように受け止めているか尋ね、肯定的な回答をした大学の割合を率の高いものから並べた図です。「全般的把握」や「課題の把握」

については自己評価が重要であり評価結果も一定の効果を持っている一方で、「改善の促進」や「マネジメントの改善」などについては評価結果を通した外部質保証がインセンティブとして働いていることがわかります。したがって新しいサイクルでの認証評価を設計・実施するについては、各大学の内部質保証を支援することが一層求められています。

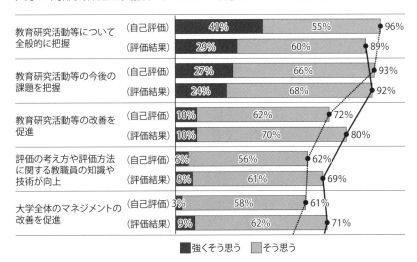

6 より有効な質保証のために

第2サイクルの機関別認証評価を設計するに当たっての基本的な方針は以下の7点です。

1. 大学評価基準に基づく評価
2. 教育活動を中心とした評価
3. 各大学の個性の伸長に資する評価
4. 自己評価に基づく評価
5. ピア・レビューを中心とした評価
6. 透明性の高い開かれた評価
7. 国際通用性のある評価

いずれも各機関別認証評価機関に共通する基本方針ですが、このうち7番目の方針は第2サイクルに当たり追加したものです。特に国際通用性を重視する点が私共機構の特徴であり、欧州高等教育質保証協会（ENQA）が定めている、内部質保証に関する7項目と外部質保証に関する8項目の基準を参照して実際の評価基準を設計しました。ここでは、大学の内部質保証の重要性を強調しておきます。また、アメリカのスペリング報告では、アクレディテーションにおける学修成果（Learning Outcomes）評価の重要性が指摘されています。これは、教育成果すなわち「教員の視点にたった教育（教員が何を教えるか）」から学修成果すなわち「学生の視点にたった教育（学生がどのような能力を身に付けるか（付けたか））」への視点の転換を求めているものです。

　第2サイクルでの機関別認証評価では、第1サイクルの検証結果、中央教育審議会の答申及び報告書、質保証に関する国際的な動向を考慮して、次の3点を重視するべく基準等を改訂しました。

（1）内部質保証、（2）学修成果、（3）大学における情報の公表

　情報の公表については、法令等により、教育についての基本情報（学校教育法施行規則第172条の2）、自己点検・評価の結果（学校教育法第109条第1項）、財務諸表等の情報（各大学を設置する法人に適用される関係法令）が義務付けられています。当然と言えば当たり前のことばかりですが、国立、公立、私立大学を通した教育情報については「大学ポートレート」が平成27年3月10日に稼働を開始しました。これから大学に進もうとしている受験生、指導されている先生方ばかりでなく卒業生を迎え入れる企業関係者におかれましても積極的に利用されることを期待しております。「大学ポートレート」のウェブサイトは機構が管理し、公表される教育情報の内容の改善に当たっては、大学関係者から構成される運営会議が審議・決定する仕組みになっています[*11]。

7 大学の個性の伸長を支援すること

　機構では第1サイクルにおいて選択的評価事項 *12 を実施していましたが、この評価を発展させて大学機関別選択評価を第2サイクルから提供しています。大学機関別選択評価は、機構が定める選択評価事項について、認証評価とは別に機構が独自に行う第三者評価です *13。この目的は、

1. 選択評価事項について大学を評価することにより、大学の個性の伸長及び特色の明確化に役立てること、
2. 評価結果を大学にフィードバックすることにより、教育研究活動等の改善に役立てること、
3. 大学の教育研究活動等の状況を第三者評価を通して社会に分かりやすく示すこと、

の3点です。その内容は次の3種類から成っています。

　選択評価事項A：研究活動の状況
　選択評価事項B：地域貢献活動の状況
　選択評価事項C：教育の国際化の状況

　これらは機構以外の認証評価機関による認証評価を受けている場合でも大学機関別選択評価のみを申請することや大学が希望する年度に受審することが可能です。評価に当たっては、大学が自ら定めた目的についてその達成度を、「極めて良好である（S）」、「良好である（A）」、「おおむね良好である（B）」、「不十分である（C）」、の4段階で評価します *14。

8 教育の国際化

　ここでは、平成25年度から新たに追加した選択評価事項C[15]について説明します[16]。この選択評価事項Cでは、教育の国際化に向けた活動に焦点を絞り、「国際的な教育環境の構築」[17]、「外国人学生の受入」[18]、「国内学生の海外派遣」[19]、の3つの視点から評価を行います。さらに選択評価事項Cにおいては、目的の達成状況の評価に加え、この3つの視点については各項目の水準を、「一般的な水準を卓越している（S）」、「一般的な水準を上回っている（A）」、「一般的な水準にある（B）」、「一般的な水準を下回っている（C）」、の4段階で評価します。水準の判定は『選択評価事項C　水準判定のガイドライン（案）』[20]に基いています。また、一般的な水準とは何か、これは日本の大学の平均的な取組状況のことで、『教育の国際化に向けた取組の実施状況一覧』に示してあります。この2つの資料はともに機構の研究開発部の調査研究[21]に基づき作成されたもので、公表しています。大学はこれらを参照して自己評価書を作成します。

　グローバル化の大きな波の中で、我が国でも高等教育の国際化が強く求められています。この点は認証評価制度が始まって以来この10年間の大きな変化です。当然評価制度も影響を受けその国際通用性は今まで以上に重要になってくるでしょう[22]。そのためにも評価制度が我が国の社会から十分に認められるような努力をしなければなりません。本稿がその一助になれば幸いです。

*1 大学基準協会、日本高等教育評価機構、短大基準協会と私共機構の4機関が幹事会を構成しています。
*2 英語ではCEA (Certified Evaluation and Accreditation) です。
*3 短期大学については短大基準協会と大学基準協会が認証評価の実施機関です。高等専門学校は大学評価・学位授与機構だけが認証評価を行っています。
*4 むしろアメリカは独自のシステムといって良く、各地域ごとに評価を行う機関があります。合衆国全体でみれば複数の評価機関がありますが、各大学から見れば単一の機関から評価を受ける仕組みになっています。確かに、大学が認証評価機関を選択できるというシステムは我が国独特のものです。
*5 evaluation、accreditation、assessment、auditなど使い分ける必要があります。ここでの主題である認証評価はaccreditationでしょうが、国立大学等教育研究評価はassessmentに近いものです。複数の意義があるということならば評価と言って良いのかもしれませんがevaluationとだけ理解される恐れはあります。
*6 評価先進国イギリスの機関はQAA (Quality Assurance Agency) です。日本国内で話をするときには評価機関を普通に使いますが、海外とやり取りをするときには「認証評価機関連絡協議会」のメンバーも質保証機関と自称しています。
*7 簡単にまとめれば、評価は質保証の手段の一つ、ということです。
*8 「大学評価・学位授与機」は以下誤解のない限り「機構」と省略致します。
*9 「進化する大学機関別認証評価―第1サイクルの検証と第2サイクルにおける改善―」報告書として公表されています。本体は次のサイトに掲載されています。
http://www.niad.ac.jp/n_hyouka/jouhou/__icsFiles/afieldfile/2013/05/22/no6_12_soukatsu.daigaku.pdf
*10 校数には短期大学を含みます。現在は短期大学の機関別認証は当機構は行っていません。
*11 各大学が受審した機関別認証評価の結果も大学ポートレートを通して閲覧できます。その時、〇か×かの最終結果に加えて、必ずその大学の優れた点、改善が求められている点などが記載されています。これらの諸点にこそ、その大学の個性と特徴が表れています。
*12 すぐ下で紹介する選択評価事項Aと選択評価事項Bがその内容です。第1サイクルを通して、Aについては28大学、Bについては32大学が受審しました。なお、選択評価事項Bは「正規課程の学生以外に対する教育サービスの状況」と称しておりました。第2サイクルではより目的に合うように改善しました。
*13 機関別認証評価が学校教育法に定められているのに対して、機関別選択評価は受審するかどうか、大学の任意です。
*14 機構が設定した基準・観点を満たしているかどうかを評価する機関別認証評価とは異なる評価の尺度です。
*15 ここで言う国際化は、我が国の大学が日本においてどのような状況にあるかを見るもので、海外からどのようにみられているかを測るものではありません。
*16 蛇足かもしれませんが、国際化とグローバル化は別のことです。我が国の国際化を目指す大学が、学生に期待する学修成果の一つとしてグローバル人材であることを求めることになります。大学のグローバル化というのは誤解を招きかねない、ということです。
*17 国際化に対応可能な組織体制の整備、教育内容・方法の国際化等が評価の対象です。
*18 ここでは外国人学生の受入実績、教育課程編成・実施上の工夫等を見ます。
*19 国内学生の派遣実績、教育課程編成・実施上の工夫等が観点となります。
*20 『選択評価事項C 水準判定のガイドライン（案）』
http://www.niad.ac.jp/n_hyouka/daigaku/__icsFiles/afieldfile/2012/06/22/no6_1_1_daigaku9sentakucsuijin25.pdf
*21 『大学の教育面における国際化とその質保証に関する調査 報告書』
http://www.niad.ac.jp/n_shuppan/project/__icsFiles/afieldfile/2013/01/31/no9_c2013013101_1.pdf
*22 機構では機関別認証評価の概略部分を英訳し発信しています。たとえば
http://www.niad.ac.jp/sub_hyouka/ninsyou/hyoukahou201303/daigaku/no6_1_1_nagaoka_de201303.pdf

公益財団法人
日本高等教育評価機構における
大学評価のポイント

伊藤敏弘
Ito Toshihiro
公益財団法人 日本高等教育評価機構 評価事業部長／評価研究部長

KEY WORD

内部質保証／評価の効率化／機能別分化

　日本高等教育評価機構（以下、「評価機構」という。）は、平成16年に私立大学などを中心に第三者評価を実施する財団法人として発足し、平成17年に大学機関別認証評価機関、平成21年に短期大学機関別認証評価機関、平成22年にファッション・ビジネス系専門職大学院認証評価機関として、それぞれ文部科学大臣から認証を受け、認証評価を実施してきました。更に、公益法人改革関連法に基づき、内閣総理大臣から公益財団法人の認定を受け「公益財団法人 日本高等教育評価機構」として平成24年4月に新たな出発をしました。

　平成17年度〜22年度の第1期には、11の評価基準のもと合計272大学の評価を実施しました。その評価結果は、図の通り272大学中、251大学が「認定」、20大学が「保留」、1大学が「不認定」でした。保留となった大学は、3年以内に申請を行い、再評価を受けるよう求めています。保留の20大学のうち19大学は、平成25年度までに再評価を受け、その結果は、19大学中、18大学が「認定」、1大学が「不認定」でした。

年度別評価結果内訳

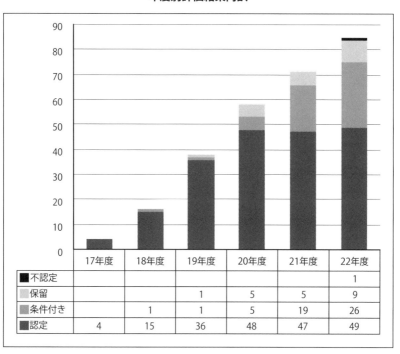

	17年度	18年度	19年度	20年度	21年度	22年度
不認定						1
保留			1	5	5	9
条件付き		1	1	5	19	26
認定	4	15	36	48	47	49

　「優れた点」としての評価は、早い時期に評価を受けた大学に多く、反対に、「改善を要する点」は平成20年度以降に評価を受けた大学に多くありました。「改善を要する点」で特に多かった指摘は、人材養成目的の明示や成績評価基準の明文化など、平成20年度の大学設置基準の改定に関連した内容でした。

　第1期の問題点として、大学の自己点検・評価報告書の作成が認証評価機関に対して大学の現状を説明することに終始していた、ということがあげられます。つまり、本来、認証評価は大学の自己改善を促すことを目的としていたのですが、認証評価とその結果自体が目的となってしまったのではないかということです。大学は、自らが大学教育の水準を保証するという内部質保証のためのPDCA（計画－実行－評価－改善）

マネジメントサイクルのうち、PDC までは義務的に実施しましたが、評価後の A（改善）に結びついたとはいえない状況でした。まさに、「評価あって改善なし」です。更に、自己点検・評価の内容もエビデンスに基づかない主観的な説明文が多くあり、客観的な評価ができていないケースもありました。

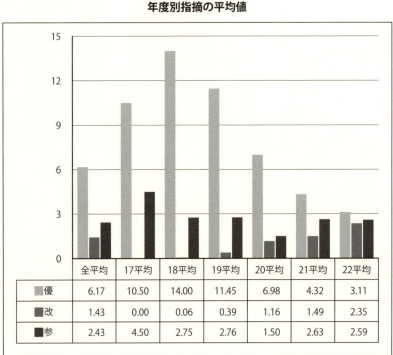

年度別指摘の平均値

	全平均	17平均	18平均	19平均	20平均	21平均	22平均
■優	6.17	10.50	14.00	11.45	6.98	4.32	3.11
■改	1.43	0.00	0.06	0.39	1.16	1.49	2.35
■参	2.43	4.50	2.75	2.76	1.50	2.63	2.59

1 新評価システムの変更ポイント

評価機構では、これらの反省を踏まえて、平成 24 年度から新しい評価システムに変更して、評価を行っています。変更の大きなねらいは、大

学の自主的な内部質保証機能を高めるところにあります。変更のポイントは、①内部質保証のための自己点検・評価の実質化、②評価の効率化と簡素化、③個性・特色を生かした機能別分化の3点です。

　まず、大学の自己点検・評価を実質化させるため、評価機構が求める基準を満たしているか否か、大学が自ら判定することにしました。また、自己点検・評価の客観性、透明性を確保するため、自己判定の理由をエビデンスに基づき、簡潔に記述することを求めることとしました。評価機構は、大学の自己判定がエビデンスに基づいた正当なものであるかどうかを、書面調査や実地調査を通じて検証します。このように認証評価のための自己点検・評価であっても、大学の自律的な質保証として明確に位置づけるよう変更を行いました。

　2つ目は、評価機構が設定する評価基準は、第1期は11の基準を定めていましたが、4つの基準に統合し、重複していた評価基準を整理しました。

　最後に、これらの4つの基準以外に、大学が使命・目的で掲げ、個性・特色として重視している領域については、大学が独自に基準及び基準項目を設定し、自己点検・評価するよう求めました。

2 評価の目的

　評価機構の認証評価では、各大学の自主的な質保証の充実を支援し、広く社会の支持が得られるよう、各大学の個性・特色ある教育研究活動等の自律的な展開を支援・促進するために、①大学の教育活動の状況を中心に、個性・特色に配慮した評価を行うこと、②大学の改革・改善に資し、教職員を主体とした有識者によるピア・レビューを中心に評価を行うこと、③大学が作成する自己点検評価書及びエビデンスに基づき、大学とのコミュニケーションを重視しながら評価を行うこと、を目的としています。

③ 大学評価基準

　各大学が掲げている使命・目的及び教育目的に基づいて、自発的かつ積極的に自己点検・評価に取り組めるよう、「評価基準」は基本的・共通的な最小限の事項に限定し、各大学が使命・目的に掲げ、個性・特色として重視している領域に関しては、大学が独自に基準及び基準項目を設定することを求めています。

　評価機構が設定する4つの「基準」は、22の「基準項目」と51の「評価の視点」及び「エビデンスの例示」からなります。また、各「基準」には、それぞれが意図している目的を「本基準の趣旨」として解説しています。

大学評価基準

4つの基準				
	基準1	使命・目的等	基準A	大学独自の基準及び基準項目の設定
	基準2	学修と教授	基準B	（例えば、国際協力、社会貢献、研究活動等） ※使命・目的に掲げられている事項で、基準1〜4にあてはまらないもの
	基準3	経営・管理と財務		
	基準4	自己点検・評価		

④ 自己点検評価書の作成

　各大学が行う自己評価は、評価機構の大学評価の中心的役割を果たすものです。自己評価を行うにあたっては、可能な限り全教職員が参画し、委員会等の全学的組織において自己点検・評価を行うことが重要です。全員が現状を認識するとともに今後の方針を確認することで、今後の大学改革がスムーズに進みます。

自己点検評価書は、評価を受けるためだけのものでなく、学生や教職員はもとより学外にも広く公開されるものです。よって、わかりやすい文書内容と分量で作成する必要がありますので、原則として、100ページ以内での作成に限定しています。作成に当たっては、学校教育法及び大学設置基準等の内容を踏まえて、大学は、22の「基準項目」ごとに「評価の視点」に沿って教育活動等の状況を、必要に応じて学部・研究科ごとに分析し、その結果に基づいて「満たしている」又は「満たしていない」の「自己判定」を行います。自己判定については、根拠となるエビデンスを示しながら、「自己判定の理由（事実の説明及び自己評価）」「改善・向上方策（将来計画）」を簡潔に記述します。評価機構が示した「評価の視点」のほかに、大学の状況や目的に応じて独自の視点が必要な場合には、各「基準項目」に対応した独自の視点を設定し、記述することができます。

5 評価の実施体制と実施方法

① 実施体制

　評価を実施するにあたり、「大学評価判定委員会」（以下、「判定委員会」という。）の下に、具体的な評価を行うための評価チームを編制します。

　判定委員会は、国公私立大学の関係者及び社会、経済、文化方面等の有識者など18名程度で構成しています。

　実際に各大学の評価を担当する評価チームは、対象大学の規模や学部構成によって異なりますが、原則として5名程度の評価員で対象大学ごとに構成されます。評価員は、会員大学等から推薦された評価員候補者の中から、対象大学の教育研究分野や地域性などの多様な状況を勘案して判定委員会において選出されます。

　評価の客観性を担保するために、対象大学に直接関係する判定委員及び評価員は対象大学の評価に従事できません。具体的には、① 評価対象大学の卒業者、② 評価対象大学に専任、又は兼任として在職し、あるい

は5年間以内に在職していた場合、③ 評価対象大学に役員として在職し、あるいは5年間以内に在職していた場合、④ 評価対象大学の教育研究又は経営に関する重要事項を審議する組織に参画しており、あるいは5年間以内に参画していた場合、⑤ 評価対象大学の競合する近隣の大学の関係者、⑥ その他、評価機構で不適正と認める者、は対象大学の評価の審議に加わることができません。

評価をより実効性の高いものとするためには、客観的な立場から専門的な判断を基礎とした信頼性の高い評価を行う必要があります。このため、評価員が共通理解のもとで、公正、適切かつ円滑にその評価活動を遂行できるように、認証評価の目的、内容及び方法等について、毎年6月中旬に評価員向けの研修を実施しています。研修は、当該年度の機関別認証評価の評価員を対象とし実施し、実施大綱や評価基準、評価活動における実務の流れなどを説明しています。また、パネルディスカッションによる評価員の経験談や評価員の経験別プログラム、評価チームごとの情報交換会などを行っています。

② **認証評価のプロセスと実施方法**

大学が認証評価を申請してから評価結果を受け取るまでのプロセスは以下の通りです。大学への説明会等を踏まえて、大学は、自己点検評価書を作成し、評価機構へ提出します。評価機構による評価は、書面調査及び実地調査により実施します。

書面調査では、大学等から提出された「自己点検評価書」とその根拠として提出されたエビデンス集データ編、資料編の分析を行います。書面調査の期間は、具体的には、自己点検評価書が提出されてから実地調査までとなります。また、書面調査の後半には、提出された自己点検評価書やエビデンスでわからない部分について、評価チームからの書面質問と追加資料の依頼をする機会を設けています。

実地調査において、評価チームは、面談や学内の視察などを通して、

自己点検評価書の誠実性や学校教育法及び大学設置基準等の法令に適合しているか等を中心に確認いたします。また、書面調査で確認できなかった問題点及び優れている点等について最終的な調査を行います。

実地調査終了後は、評価チームが評価結果をまとめ、大学に通知するとともに判定委員会に提出し、意見申立ての内容を踏まえて何度も審議を繰り返したのちに、評価結果を確定します（次頁表）。

6 意見申立て

評価結果は、大学の教育活動等の改善につながるべきものであり、また、社会に公表されるものであるため、評価結果を確定するまでのプロセスの透明性と結果の正確性が求められます。また、評価機構では、対象大学とのコミュニケーションを重視しているため、2度にわたる意見の申立ての機会を設けています。まず、1度目は評価チームが作成した報告書案に対する意見申立て、2度目は判定委員会が作成した報告書案に対する意見申立てです。2度目の意見申立てに対する対応は、より公正な判断ができるよう、判定委員会の下に、判定委員会以外で構成する意見申立て審査会で審議しています。判定委員会はその審議結果を踏まえ、判定結果を確定します。

7 評価結果と公表

評価結果は、評価チームが作成する報告書と、それに対する大学からの意見を踏まえて、判定委員会が審議して決定し、最終的には評価機構の理事会が承認します。評価結果は、各大学の実地調査終了までの改善状況を勘案して判定されます。

認証評価のプロセスと実施方法

時期	事項	自己評価担当者の作業内容
平成25年 7月	申請	必要書類を提出
8月	申請受理通知書受領	
9月	自己評価担当者説明会などへの参加	「受審のてびき」(本冊子)に沿って説明を受ける
12月	実地調査日程決定通知受領	学内へ周知
平成26年 4月	評価料支払い	指定口座へ振り込み
5月	評価チーム決定通知書受領	・評価員名を確認 ・変更を希望する場合は理由を添えて申立て
6月	自己点検評価書等提出	自己点検評価書、エビデンス集(データ編)、エビデンス集(資料編)の必要部数と電子媒体1部を提出(6月30日必着)
7月〜実地調査まで	実地調査準備	・評価チームからの「書面質問」に回答(求めに応じて追加の資料・データを提出) ・当日スケジュールの確認・調整 ・諸準備(評価チーム宿泊先・学内会場の手配、面談者の選出、面談者名簿の提出、視察ルートの設定、机上ネームプレートの準備など)
9〜11月	実地調査(原則2泊3日)	当日の対応(面談、視察、追加資料提出など)
12月	調査報告書案受領	必要な場合は意見申立て
平成27年 1月	評価報告書案受領	必要な場合は意見申立て
3月	評価結果確定	評価結果の連絡を受ける
	評価結果受領	認定証(適合の場合)、評価報告書などを受領 自己点検評価書をホームページで公開(任意)

8 事前相談

評価機構では、評価を申請した大学と評価機構の担当職員による対面での「事前相談」を行っています。基本的には、大学の持つ不明な点や疑問点などについて、担当職員が答える形をとっていますが、評価機構からも認証評価の具体的なスケジュールや必要となる作業内容について具体的に説明するなど、評価をより円滑に進めるための場となるよう工夫しています。

時期は、大学の担当職員が決まる4月以降から実地調査までの間に行われます。自己点検評価書の提出前の、5月から6月に集中しています。

場所は、大学の希望に基づき、大学又は評価機構事務所で行っています。大学での事前相談の場合、会議室や教育環境を視察するルートなど、実地調査で準備する事項を実際に見ながら進められます。

評価終了後に行ったアンケートでは、事前相談が評価の準備において効果的だったとする感想が多くありました。

9 まとめ

大学に求められることは、PDCAマネジメントサイクルの実施による内部質保証です。これを機能させるためには大学の使命・目的等を具体的に明示する必要があります。理想的かつ長期的展望に立った目標設定も必要ですが、中期の具体的かつ実行可能な計画の策定が不可欠であり、それに対する不断の評価と改善努力が望まれます。大学は、この認証評価制度を法令で義務化されたから受けるのではなく、これを好機としてとらえ、大学の改善・改革に活用し、実際に改善された内容を積極的に社会へ説明することが求められます。

一般財団法人短期大学基準協会における大学評価のポイント

関根秀和
Sekine Hidekazu
大阪女学院 学事顧問

KEY WORD

生きた選択／生きた情報／生きた評価

1 目的と選択

　高等学校を卒業して「高等教育機関」と呼ばれている更により高い段階の学習に入っていこうとするには、まず、自分が進もうとする学校の種類を選ぶことから選択が始まるはずです。大きく言えば大学か短期大学か、あるいは専門学校に進むのかという選択になるでしょう。

　今、日本の法律は大学の目的を「大学は、学術の中心として、広く知識を授けるとともに、深く専門の学芸を教授研究し、知的、道徳的及び応用的能力を展開させることを目的とする。」と定めており、短期大学については「大学は、その目的に代えて、深く専門の学芸を教授研究し、職業又は実際生活に必要な能力を育成することを主な目的とすることができる。」と規定しています。

　深く専門を学び、身につけるということにおいては、大学も短期大学も変わりはありませんが、短期大学については、職業又は実際生活という私たちが現実に生きている生活世界での自分を生かす能力を、身につけるこ

とが目的だとハッキリ示しています。それに対して、大学は「学術の中心」という考え方に立って日常の生活をより深く見つめ直し、場合によっては生活世界そのものを変えていく能力をも身につけることを目的としているという点で、大きな違いがあります。

　ちょっと目には短期大学も大学も学習期間の違いだけで、似たもの同士のように見えますが、目的からするとかなり違っています。そうして、この違いが実は「高等教育」に進もうとする自分の目的と重なってくるはずなのです。ですから、自分の中で目的がはっきりしていればいるほど、選ぶことは自由で楽しく、逆に目的が定まっていないと選ぶことには不安がつきまとうことにもなりかねません。

2 二つの動機

　「目的」という言葉を「動機」というもう少し広げた言葉に置き換えてみましょう。そうすると選択に別の考え方が立ち上がってきます。例えば、医療の世界で働きたいと思っているのだけれども、その先が看護なのか理学療法や言語療法を専攻するリハビリテーションなのかまでは定かでない場合でも、「動機」がそういう大きな方向で生きていれば選択を始めることができます。

　また、目指そうとするある特定の目的や領域が未だ浮かんでいなくて不安であっても、もっと自分は変わりたい、今の自分よりも成長して何かに役立つ自分になりたいという思いがあれば、それは短期大学や大学に進む立派な「動機」だと言えます。

　この二つの「動機」からそれぞれに出発して、どの短期大学あるいは大学が自分に適しているかを知るのに役立つのが「自己点検・評価報告書」とそれに関係している「認証評価」なのです。

　「目的」や「動機」の内容がある程度までつかめている場合、選択のための情報の目の付け所は当然それぞれの専攻に関わるカリキュラムや学科

目になるはずです。また、それとは異なり、広い意味でより豊かな自分の成長を期待している場合には、かなり様々な角度からの情報を得ることが必要になってきます。

　こうしたそれぞれの立場に応じて必要な情報を、まとまった形で得ることができるのが「自己点検・評価報告書」と「認証評価」です。

③ 自己点検・評価報告書と認証評価

　「認証評価」とは略した言葉で、正確に言うと「認証評価機関による第三者評価」になります。その意味は文部科学大臣が適切と認めた責任のある機関（団体）が行う評価で、外からの目（第三者）で見た一つひとつの短期大学の現状を、その評価機関があらかじめ定めている基準に従って審査し評価してその結果を公表します。

　そうして、その評価を受ける短期大学が評価を受けるに先立って、認証評価機関に自校の教育に関わる様々な状況やまた改善を必要とする課題などを、出来るだけつまびらかに報告した文書が「自己点検・評価報告書」で、それぞれの短期大学のホームページに掲載されています。

　ですから、ある短期大学が現在の自校の状況を、あらかじめ示されている基準に従って点検し、成功している点も、また更に改善を目指す必要がある事も、詳しく記しているのが「自己点検・評価報告書」です。その報告書に基づいて第三者の立場（外からの目）で、その短期大学の教育を中心とした現状を、丁寧に調べ審査し評価した結果が「認証評価」なのです。

　ところで、毎年のことですが、3月に入ると幾つかの代表的な週刊誌が、ほとんど毎週にわたって「大学合格者ランキング」という記事を掲載します。例えば、実際に4月に入って掲載された記事を見ると、国公私立の一つひとつの高等学校について、国立大学では東京大学を筆頭に15大学、私立大学については40近い大学のそれぞれに何名の合格者が出たかを、合格者数早見表の様な形で70ページ近くにわたって発表しています。

この表からまず読み取れるのは、大学入学状況から見てどの高等学校が難関大学を始めとする有名大学に入学生を送り込んでいるかという意味での高等学校の格のイメージです。そうして、そこから翻(ひるがえ)ってどの大学が格の高い高校から入学者をどれだけ迎えているかを読み取って大学の格の高さをイメージすることになります。

　もう一つのイメージ作りの実例は、受験研究社が発行している全国の各大学の学部・学科についての「案内号」や、幾つかの予備校が発行している情報誌に掲載されている合格難易度データです。つまり具体的には、大学志望に際して必ずと言っていいほど関心を持たれている「偏差値」から生じるイメージです。

　偏差値とは、受験生全体の得点の分布を基礎にして、一人ひとりの受験生の得点が全体の中でどういう位置にあるかを統計学的な処理を通して見出そうとしているものです。大勢の受験生の競争の中で、自分がどういう位置にあるかを知ることが出来るのと、また、志望先の大学にはどういう位置にある受験生が合格しているのかを知る上で便利であり、ずいぶん用いられてきました。

　しかし、そこで知ることが出来ているのは競争の中での「位置づけ」によるイメージであって、それ以外の内容には及びません。難関校でありさえすれば大学としての内容は充実しているという仮定のイメージが先だってしまうので、本当にそうなのかどうかを知るには別の手だてが必要です。まして自分の目的や動機にその大学が適しているかどうかを知ろうとするなら、詳しい様々な情報が必要でしょう。[*1]

　こうしてみると、選択しようとしているその大学自身がどのような考えや構想で大学作りをしているのか、また、実際にその成果が実っているかどうかについて、その大学の関係者自身がどう受け止めているのかを知ることができる資料（自己点検・評価報告書）からの情報がとても大切になってきます。

　また、その資料に基づいて第三者が外からの目で、その大学の関係者の

取り組みが本当に充実した取り組みになっているかどうかを実際にその大学の訪問もして詳しく審査した資料（認証評価）からは、その大学の充実度を第三者がどう「保証」しているかを知ることが出来ます。

4 「認証評価」の読み方

　どの短期大学に進むかを選択するときに、最も知りたいこととして浮かび上がって来るのがその短期大学の特色でしょう。その特色はそれぞれの短期大学の歴史に現れています。「認証評価」を読むことを通して単に過去の経過だけではなく、今も生きている歴史を知ることが出来ます。

　その短期大学が、誰のどういう理想や希望や考えから設立されたのか（建学の理念）。そうして実際にどういう人格や能力を育てようとして来たのか、現に育てているのか（教育目的・目標）。また、学生一人ひとりが人格的に自立し、専門に関わる学習ではどのような力をつけているのか（学習成果）。更に、その卒業生がどのような社会に出て、どのように責任を果たしているのか（卒業生の社会的評価）。を知ることによって、その短期大学を深く知り、その特色を知ることになります。

　「認証評価」を読むことによって知ることができるもう一つの大切な情報が、その短期大学の「質」の継続性です。大学は生きている組織ですから、その組織が目的や目標を常に新しく実現していく豊かな力と一定の安定性が必要です。短期大学の特色はまず理念、そして目的・目標の立て方、その目標がどういうカリキュラムや学科目とつながっているのか、実際に学習の結果がどういう成果を一人ひとりの学生に生み出しているのかにかかっているのですが、そうした特色を生かしていくためには、豊かな組織力が必要です。

　一人ひとりの学生の個性を生かしつつ学習力を伸ばしきっていくための丁寧なサポート（学習支援）。充実した授業や学習を実現していく教員と職員のまとまり（教員組織、スタッフ組織）。学生の一人ひとりにとって

最も適した学習環境（施設設備）。そうしてこれらを維持し発展させていく運営力と経営力の安定（財的資源の管理）。これらがその短期大学の「質」の継続性に関わる大切な情報で、「認証評価」から読み取ることが出来ます。

5 短期大学基準協会の評価

短期大学基準協会は、これまで紹介した短期大学の「認証評価」を実際に行うために平成17（2005）年に学校教育法第110条の規定による文部科学大臣から認証を受けた認証評価機関としてスタートしました。今、短期大学基準協会は日本の私立短期大学341校の内310校を加盟校として評価を行っています。ですから私立短期大学のほとんどが短期大学基準協会の評価を受けていることになり、短期大学評価の代表的な機関だと言って差し支えないでしょう。

評価を行うためには、どういう視点で評価をするのかという「見方」、言い換えると評価の基準が適切でなければなりません。短期大学基準協会の評価は、「建学の精神と教育の効果」、「教育課程と学生支援」、「教育資源と財的資源」、「リーダーシップとガバナンス」という四つの基準と、それを更に細かく見ていくための、テーマ、区分、観点、という綿密な仕組みで進められています。（別表）また、評価を受ける短期大学の希望があれば、「教養教育」、「職業教育」、「地域貢献」という三つの選択的評価基準による評価も行われています。

また、いったい誰がどう評価するのかということでは、例えば平成25年度に行われた42校の評価に携わった評価員は195名で、全国の加盟短期大学からボランティアとして奉仕してもらった教育や運営について経験の豊かな理事長、学長、事務局長や教員、職員から成る評価員によって行われました。だいたい評価を受ける一校あたり4、5名で1チームが編成されています。各評価チームはあらかじめ評価を受ける短期大学で作成された「自己点検・評価報告書」を一か月以上かけて審査し、その上で3

短期大学基準協会の評価基準とその構成

基　準	テーマ	区　分
基準Ⅰ 建学の精神と 教育の効果	A 建学の精神	1 建学の精神が確立している。
	B 教育の効果	1 教育目的・目標が確立している。
		2 学習成果を定めている。
		3 教育の質を保証している。
	C 自己点検・評価	1 自己点検・評価活動等の実施体制が確立し、向上・充実に向けて努力している。
基準Ⅱ 教育課程と 学生支援	A 教育課程	1 学位授与の方針を明確に示している。
		2 教育課程編成・実施の方針を明確に示している。
		3 入学者受け入れの方針を明確に示している。
		4 学習成果の査定（アセスメント）は明確である。
		5 学生の卒業後評価への取り組みを行っている。
	B 学生支援	1 学科・専攻課程の学習成果の獲得に向けて教育資源を有効に活用している。
		2 学科・専攻課程の学習成果の獲得に向けて学習支援を組織的に行っている。
		3 学科・専攻課程の学習成果の獲得に向けて学生の生活支援を組織的に行っている。
		4 進路支援を行っている。
		5 入学者受け入れの方針を受験生に対して明確に示している。
基準Ⅲ 教育資源と 財的資源	A 人的資源	1 学科・専攻課程の教育課程編成・実施の方針に基づいて教員組織を整備している。
		2 専任教員は、学科・専攻課程の教育課程編成・実施の方針に基づいて教育研究活動を行っている。
		3 学習成果を向上させるための事務組織を整備している。
		4 人事管理が適切に行われている。
	B 物的資源	1 学科・専攻課程の教育課程編成・実施の方針に基づいて校地、校舎、施設設備、その他の物的資源を整備、活用している。
		2 施設設備の維持管理を適切に行っている。
	C 技術的資源を はじめとする その他の教育資源	1 短期大学は、学科・専攻課程の教育課程編成・実施の方針に基づいて学習成果を獲得させるために技術的資源を整備している。
	D 財的資源	1 財的資源を適切に管理している。
		2 量的な経営判断指標等に基づき実態を把握し、財政上の安定を確保するよう計画を策定し、管理している。
基準Ⅳ リーダーシップ とガバナンス	A 理事長の リーダーシップ	1 理事会等の学校法人の管理運営体制が確立している。
	B 学長の リーダーシップ	1 学習成果を獲得するために教授会等の短期大学の教学運営体制が確立している。
	C ガバナンス	1 監事は寄付行為の規定に基づいて適切に業務を行っている。
		2 評議員会は寄附行為の規定に基づいて開催し、理事会の諮問機関として適切に運営している。
		3 ガバナンスが適切に機能している。

日にわたって現地を訪問し、実際にその短期大学の理事長、学長を始め教員、職員の中核の方々に面接をして、必要があれば大切な保管資料を調べ、学生や卒業生とも面談をします。[*2]

　こうした「認証評価」の目的は、出願をしようとしている高校生とその保護者や進路指導にあたられる先生方や更にはその短期大学を取り巻く様々な関係者に対して、その短期大学の教育、学習を中心としたあり方全体について、あらかじめ基準協会が示している評価基準に適合しているかどうかを判定し、また一定の期間その短期大学が安定した経営を維持することが出来るという可能性も含めて「質保証」を行うことにあります。

　今の法律では、各短期大学（大学）は7年に一度、「認証評価」を必ず受けなければならないと決められています。想像がつくでしょうか、この「認証評価」を7年を単位として300校を超える短期大学の評価を行うためには、評価員としてどれだけ多くの方々の協力を得なければならないかを。

　つまり、延べ1000名を越える評価員の協力を得て評価を行うためには、その評価の責任を負う緻密で継続性のある組織が必要になります。

　短期大学基準協会は15名を超える大学、短期大学の現職の理事長、学長やその経験者と文部科学省の局長経験者やアメリカの短期大学・大学の総長経験者、あるいは現職の弁護士、公認会計士を含む理事会によって運営され、文部行政に長く携わって豊かな知識、経験を持っている事務局長を中心とした事務局によって業務が推進されています。また評価方法の設定や改革、評価員の研修、評価を受ける短期大学の責任者の養成等の様々な取り組みについても学長や公認会計士など30名から成る常設の委員会があたり、協会全体が明確な責任体制を取っています

6 これからの新しい歩みのために

　初めに述べたように、短期大学と大学は似た者同士のようでありながら「職業又は実際生活に必要な能力を育成することを主な目的とすることができる。」という法文に規定されているように、日々の生活世界の中で思いきり自分を生かし、共に住み、共に働き、共に社会に貢献できる人格と専門的な能力を培う学習の場であることに特徴があります。

　生活世界と言うと身近で比較的閉じられた社会の関係だと感じてしまいがちですが、「生活」は決して小さく固定した内向きの世界ではありません。今はやたらに「グローバル化」という表現で世界が捉えられて、複雑で漠然とした取りとめのない広がりのイメージが先だってしまって、自分が世界にどう関われるのかが見えにくい状況になっています。ですから、関わりと言えばせいぜい「英語を身に付けておかなければ」ぐらいの意識に留まってしまっていると言えば言い過ぎでしょうか。

　グローバル世界の実質はそれぞれの社会や文化の中で営まれている個々の「生活世界」が互いに影響し合って自立と依存との間で激しく揺れ続けている関係です。ですから「生活」が内向きになると新しい可能性と新鮮さをみるみるうちに失って、自分をも見失ってしまいます。

　短期大学に今進むということは、新鮮な新しい可能性が生きて働く「生活」を人々と共に創り出していく力を、自分の中に育むことに真の意味があります。

そのためには短期大学に学ぶ一人ひとりがまず開かれた豊かな個性を目指すことが大切であり、そうした学生一人ひとりを迎える一つひとつの短期大学が優れた個性に立っていることが必要です。それだけに自分の希望、自分への期待、自分の目的に立って、本当に自分を生かす学習が出来る短期大学かどうかを出来るだけ詳しく深く知りその上で選ぶことがとても大切になってきます。そのために「認証評価」はきっと役立つはずです。

*1　もう一言付け加えると近年では短期大学についてはその偏差値も掲載されず、情報は志願者数、受験者数、合格者数、競争率に留まっていますから、志望校の選択は更に困難を増していると言えます。
*2　このように各短期大学における学習の水準を常に高めるために必要な改善や助言を短期大学関係者の相互協力によって行うことを「ピア・レビュー」と呼んでいます。

一般社団法人 日本技術者教育認定機構における大学評価のポイント

三木哲也
Miki Tetsuya
JABEE 業務執行理事、広報・啓発委員長

青島泰之
Aoshima Yasuyuki
JABEE 専務理事

KEY WORD

技術者教育／教育の質保証／質の国際的同等性

1 JABEE の設立

　一般社団法人日本技術者教育認定機構（以下 JABEE と表示）は、1999 年、技術者教育プログラムを公表された基準に基づき審査し、認定することによって教育の質保証と改善を行う事を目的として設立されました。教育内容・水準の国際的同等性を確保し、国際的に通用する技術者を育てることも目的の一つとして定款に明記されました。審査・認定を手段にして教育の改善を図ることが目的という考え方は、技術者教育認定団体の世界的枠組みであるワシントン協定の基本的な思想です。ワシントン協定については 3 で説明しますが、JABEE はワシントン協定に加盟することによって、国際的同等性を確保するとの方針を立て、2005 年に正式加盟を果たしました。

　JABEE が認定の対象とする教育プログラムは、（1）学校教育法第 1 条その他で定められる大学における 4 年間の修学により学士号の授与、又はその後 2 年間の修学により修士号の授与を行う教育課程、（2）省庁が

設置する大学校の教育課程、(3) 短期大学又は高等専門学校における本科の2年間と専攻科における2年間の合計4年間の修学期間を有する大学の学士課程と同等の教育課程のいずれかに該当する工学、農学、理学系の専門技術者教育プログラムです。当初は学士課程相当の教育プログラムの認定のみを行っていましたが、修士課程の認定は2007年から、学部・修士一貫の建築設計・計画系教育課程の認定は2008年から開始しました。

これらに加え、JABEEは2010年に、文部科学省から専門職大学院の認証評価機関に認証され、産業技術系（情報、創造技術、組込技術、原子力分野）専門職大学院に対する専門分野別認証評価（学校教育法第109条第3項による義務）を行っています。

2 教育機関別認証評価と分野別教育プログラム認定の違い

高等教育機関が提供する教育プログラムを第三者が評価するという考え方は、日本においては新しい試みです。2004年に高等教育機関の機関別評価を行う「認証評価」が学校教育法第109条第2項によって義務化され、すべての高等教育機関は6〜7年毎に評価されることになりましたが、JABEE認定では、教育プログラムの自主的な申請により評価を行います。

JABEEが行っている分野別教育プログラム認定は、専門分野ごとに教育内容・水準を評価するものです。大学の評価ではなく、学科ごとの教育内容の評価と言ってもいいかもしれません。現在、日本で専門教育プログラムの認定を行っているのはJABEEと2013年から評価を開始した薬学教育評価機構のみです。専門教育プログラムの認定は日本では始まったばかりです。

JABEEの認定は、修了生個人に対して与えられるものではなく、教育

プログラムに対し与えられるものです。当該教育プログラムが、自ら目指す学習・教育到達目標を国際的な同等性も考慮して設定し、この目標に向けて教育を実施し、その結果として履修学生全員が、設定した学習・教育到達目標を満たす知識・能力を習得したことが確認されると、教育プログラムに対して認定証が授与されます。「教育の質を保証する」とは、設定した学習・教育到達目標に掲げられた知識・能力を、履修生全員に"システム的"に身につけさせていることです。"システム的"とは、「目標を設定し（Plan）、その達成を目指した体系的教育を実施し（Do）、目標達成度を点検し（Check）、その結果により教育内容等を改善する（Act）というPDCAサイクルの構築とその適切な運用によって、教育の質保証が組織的に行われていることを意味します。JABEEは、このようなPDCAサイクルの構築と運用の適切性と修了生全員の学習・教育到達目標が達成されていることを評価して、プログラムを認定しています。認定された教育プログラムでは、修了生個人にJABEE認定プログラム修了証を発行しています。

　昨今、大学のランキングが新聞紙上で論じられています。政府も大学もこのランキングに過敏になり過ぎている気がします。しかし、欧米の技術者教育認定では、大学ランキングは全く意味を持たない指標です。それは、歴史的に、技術者教育は専門職業に就くにあたっての出発点であると考え、その評価の目的は教育の質保証と教育改善にあるからです。たとえランキング上位の大学の学科であっても、その国の技術者教育認定団体によって認定されていなければ、すなわち教育の質が保証されていなければ、然るべき技術者教育を実施しているとは見なされず、その学科の卒業生は技術者としての仕事に就けないことになります。これについては4で説明します。

3 ワシントン協定（Washington Accord）

　技術者教育認定団体の国際協定は、エンジニアリング教育に関してはワシントン協定、テクノロジスト教育のシドニー協定、テクニシャン教育のダブリン協定、情報系専門教育のソウル協定、建築設計・計画系教育のキャンベラ協定、ENAEE（European Network for Accreditation for Engineering Education）の一事業である EUR-ACE があります。JABEE は、ワシントン協定とソウル協定に加盟しており、キャンベラ協定への暫定加盟を果たし加盟に向けて準備中です。

　これらのうち、もっとも歴史があり、最近、アジアの国々がこぞって加盟を目指しているワシントン協定について説明します。欧米の国々では、専門職業の社会的地位を上げるための活動として、その職業団体（たとえば技術士会）が専門教育の審査・認定を行ってきたという歴史があり、高等教育機関で受ける教育は、職業人になるための入り口、すなわち、必要条件と考えられています。1989 年、アメリカ、カナダ、イギリス、アイルランド、オーストラリア、ニュージーランドの 6 ヶ国（英語圏）の技術者教育認定団体がワシントン協定を立ち上げました。アメリカ以外では、それぞれの国の技術士会の中に教育認定部門があり、高等教育機関の教育プログラム認定を行っています。一方、アメリカでは州ごとに技術士会がありますが、それぞれの下に教育認定部門を置くのではなく、全米をカバーする技術者教育認定団体として ABET（Accreditation Board for Engineering and Technology）を 1932 年に設立しています。これらの国々ではそれぞれの歴史、文化に基づいて技術者教育の認定を行っていましたが、もし、同じような考え方で認定を行えるのであれば、それぞれが認定した教育プログラムは 6 ヶ国間では実質的に同等と認識されると考えて、ワシントン協定を発足させました。教育の質保証と教育改善に加え、国境を越えた教育内容・水準の同等性がテーマとなり、同等性の確保のために、各団体が認定基準を策定するにあたり参考とす

る指針を作りました。ここで、注目すべきは、ISOのように世界基準を作ってすべての国が同一基準で認定を行うのではなく、この指針を参照しつつも、それぞれ独自の認定基準を策定していることです。

　JABEEは、1990年代後半から諸外国の認定制度を調査し、準備を進め、1999年に機構を立ち上げました。そして、認定基準や審査に必要な書類を整え、試行審査を経て、2001年から本格的な審査・認定を始めました。2001年にワシントン協定に暫定加盟し、その4年後には9番目の団体として加盟が承認されました。アジアでは香港技術士会に次ぐ加盟でしたが、JABEEの加盟は二つの意味でアジアにとって大きなインパクトがありました。ひとつは、世界のトップレベルの工業国が加盟したこと、もうひとつは、非英語圏から初めての加盟ということでした。

　非英語の意義は、日本語で行われる教育をJABEEが日本語により審査・認定したものに対し、他国の加盟団体が実質的に同等と認めることです。JABEEのワシントン協定加盟に続いて、韓国、台湾、トルコ、ロシアのような非英語圏の団体が加盟し、他の多くの国々も現在加盟を目指しています。表1は2014年時点のワシントン協定の加盟（Signatory）、暫定加盟（Provisional Status）、暫定加盟準備中の国々の状況を示しますが、アジアの国々がこぞってワシントン協定加盟に向けた準備を行っている段階であることがわかります。暫定加盟というステップは、総会における投票権はありませんが総会で議論に参加し情報を共有し、加盟に向けて準備を行っている段階です。

表1 Washington Accord Membership

Accreditation bodies	Provisional status	Signatory
6 Founding Members		1989
HKIE (HK)	No system at that time	1995
ECSA (South Africa)	1994	1999
JABEE (Japan)	2001	2005
IES (Singapore)	2003	2006
BEM (Malaysia)	2003	2009
ASIIN (Germany)	2003 but was removed in 2013	
ABEEK (RP Korea)	2005	2007
IEET (Chinese Taipei)	2005	2007
AEER (Russia)	2007	2012
AICTE (India)	2007	2014
IESL (Sri Lank)	2007	2014
MUDEK (Turkey)	2010	2011
PEC (Pakistan)	2010	
COE (Thailand)	Submitted in 2010but was differed	
BAETE (Bangladesh)	2011	
CAST (PR China)	2013	
PTC (The Philippines)	2013	
ICACIT (Peru)	2014	
IABEE (Indonesia)	Preparation	

4 技術者教育と技術士資格

　エンジニアリング教育認定団体の集まりであるワシントン協定は、技術者教育の教育内容・水準の国際的同等性を保証する仕組みです。技術士会の集まりであるIPEA（International Professional Engineers Agreement、旧International Engineering Forumを改称）では、技術士資格の国境を越えた議論を進め、将来、エンジニアが国境を越えて仕事ができる体制を作ろうとしています。ワシントン協定もIPEAも目指すところはエンジニアの国際的な流動性ですから、同じテーブルで議論しようということになり、次頁の図1に示す国際エンジニアリング連合IEA（International Engineering Alliance）が2007年に発足しました。左側のグループが教育認定に関する協定、右側のグループが職業資格に関する協定です。地域協定であるAPEC Engineerも加盟しています。日本からは、JABEEがワシントン協定に、日本技術士会がIPEAとAPEC Engineerに加盟しています。

図1 国際エンジニアリング連合 IEA

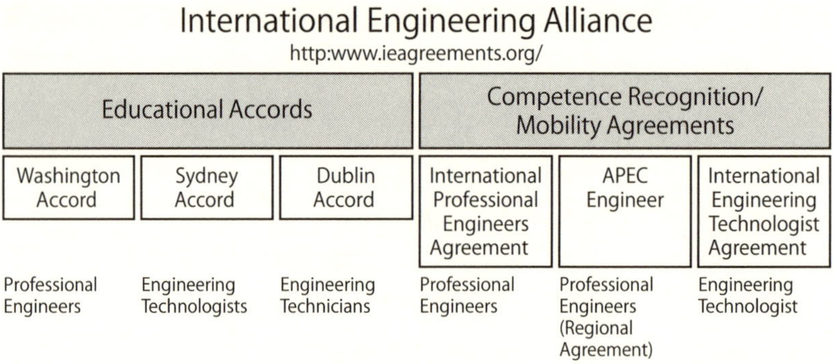

International Engineering Alliance
http:www.ieagreements.org/

Educational Accords			Competence Recognition/Mobility Agreements		
Washington Accord	Sydney Accord	Dublin Accord	International Professional Engineers Agreement	APEC Engineer	International Engineering Technologist Agreement
Professional Engineers	Engineering Technologists	Engineering Technicians	Professional Engineers	Professional Engineers (Regional Agreement)	Engineering Technologist

　IEA の最も重要な作業の一つは国際的同等性のための指針作りです。IEA は 2009 年に Graduate Attributes & Professional Competencies という文書を採択しました[*1,*2]。GA（Graduate Attributes）は「卒業生として身に付けるべき知識・能力」として、表 2 の項目について内容と水準を示しています。協定に加盟する教育認定団体は、このような GA を認定基準に反映させることが求められます。

表2 卒業生として身に付けるべき知識・能力

1	エンジニアリングに関する知識
2	問題分析
3	解決策のデザイン／開発
4	調査
5	最新のツールの利用
6	技術者と社会
7	環境と持続性
8	倫理
9	個別活動およびチームワーク
10	コミュニケーション
11	プロジェクト・マネージメントと財務
12	生涯継続学習

「教えたいことを教える教育」から「学生の知識・能力修得を手伝う教育」への変化が起こっています。アメリカでは1990年代に「教えること」よりも「修得すること」に教育の重点シフトが生じ、「何を教えたか」ではなく、GAに示されるような「結果として何が身についたか」で教育を評価する、いわゆるアウトカムズ評価へのパラダイムシフトが起りました。JABEEの審査・認定は設立当初からアウトカムズ評価を基本としています。

　PC（Professional Competencies）は職業資格に関わるもので、IPEAやAPEC Engineerの加盟団体は資格試験制度に反映させることが求められています。現在、文部科学省の技術士分科会ではIEA GA&PCなどを勘案しながら、日本の技術士資格を国際的に対応可能な試験制度へ見直す作業を行っています。

　エンジニアのような専門家（英語では、Professional、日本語では専門家の定義幅が広すぎるため「高度専門家」）は、国の安心・安全・経済を維持・発展させるのに極めて重要であり、その育成はエンジニアリング課程を有する大学等の重要な任務です。その質保証としての第三者機関による認定制度やその後の社会での実践による訓練と高度専門家としての評価や資格制度が必要であるというのが国際的通念です。

　ワシントン協定に加盟している日本以外の国々では、加盟認定機関により技術者教育認定を受けたプログラムの修了生でないと、原則、技術士資格試験は受けられないことになっています。日本の大学の卒業生が海外でエンジニアとして仕事をする場合、その国の技術士になって仕事をしたいという例が出てきています。技術士資格試験の申請を行っても、認定プログラムの修了生でないと門前払いする国々が増えてきました。日本の大学を卒業した留学生が、その学科がJABEEの認定を取得していないために、帰国後、エンジニアとして仕事ができないという不幸な例が生じています。

5 分野別教育プログラムの審査・認定

　高等教育の役割が専門的な知識と能力を身につけた高度専門職業人の育成であることは論を待ちません。一方、科学の発展に伴い学問の精緻化が進み、高度専門職業人に求められる専門教育の重要性は益々高まる傾向にあります。この傾向は、工農理学系、医学、薬学系などにおいて特に顕著です。そのため、高等教育機関の教育内容の評価において、大学等を全体として評価することは困難であり、専門分野別の評価を行わなければ各教育プログラムの長所、短所の把握が難しく教育改善に役立つ審査・認定とはなり得ません。

　JABEEにおける教育プログラムの審査・認定は、当該教育プログラムが目指す人材像（卒業・修了の数年後）の育成に向けて設定した学習・教育到達目標（卒業・修了時点）、目標を実現するカリキュラムの設計とそれによる教育の実施、実施結果の点検、点検結果に基づく改善がそれぞれ適切に行われているか、またPDCAサイクルが効果的に機能しているかを評価することによって行われます。このような評価を行うために、審査基準の大項目はPDCAに対応した4つの基準で構成されています。また、評価を行うときの観点は、国際的な水準を考慮したアウトカムズ評価を基本としています。

　このような審査・認定の方法や水準は、ワシントン協定の加盟団体の間で共有されており、さらに6年ごとの継続加盟を相互チェックすることによって、認定された教育プログラムの国際同等性を保証しています。

6 JABEEの審査・認定システムの概要

　JABEEの審査・認定では現在、ワシントン協定（エンジニアリング系）に対応する16分野、ソウル協定（情報専門系）に対応する4分野、UNESCO-UIA（建築設計・計画系教育）に対応する1分野を設定してい

ます。認定を得ようとする教育プログラムは、これらの中から自身の教育分野に最も近い分野で受審することになります。

　審査は、教育プログラムが事前に行った自己点検の内容を、提出された資料および実地で審査基準に照らして評価し、基準への適合度を判定します。判定は、基準に合致していればA（Acceptance）、基準を一部満たしていない懸念があればC（Concern）、基準への合致度が弱ければW（Weakness）、基準に合致しないような欠陥があればD（Deficiency）と判定します。4つの基準大項目のうち一つでもD判定があれば不認定となります。D判定が無い場合は認定されますが、W判定が一つでもある場合は、通常6年の認定期間が与えられるところを3年以下に短縮し、中間審査を実施して残り期間の認定の可否が決定されます。D判定もW判定も無い場合には、6年間の認定期間が与えられ、認定期間終了時に認定継続審査が行われます。

　現在のところ、審査は基本的に教育プログラム毎に個別に行っており、審査チームは審査長と審査員2名で構成することを原則としています。受審するプログラムの増加に向けて、同一大学の複数プログラムの審査を一斉に行うことで、受審側、審査側共に効率化を図ることを検討しています。

7 JABEEのこれまでの実績と今後の課題

　JABEE認定を開始以来、2014年度までの認定結果は概略次のようになっています。新規認定の累計は172教育機関の486教育プログラムであり、この内95（55％）の教育機関では複数の教育プログラムが認定されています。また、認定プログラムの修了生の累計は約22万人に達しています。これらの認定された教育プログラムの教育機関別内訳は、国立大学（227）、公立大学（24）、私立大学（152）、高専（専攻科）（81）、大学校（1）、海外教育機関（1）となっています。また、認定された教育プログ

ラム数が比較的多い分野は、機械分野（80）、土木分野（65）、電気・電子・情報通信分野（61）、工学〔融合複合、新領域〕分野（61）、化学分野（52）となっています。

これまでの審査・認定を通して、日本の技術者教育に対し主に次のような改善効果があったと考えています。

- 学習・教育到達目標に向けた体系的カリキュラムの普及。
- PDCA サイクルによる教育改善の普及。
- 学生への成績評価の基準・方法の明示およびそれに基づく厳格な評価の徹底。
- 学生の総合的な学習・教育到達度のアウトカムズ評価の普及。
- 技術者倫理教育の普及。
- エンジニアリングデザイン教育の普及（工学系の教育に不可欠な教育であるが、従来の日本の大学ではほとんど行われていなかった）。

JABEE 認定の受審を繰り返してきた教育プログラムについては、上記のような改善により全般的に国際的同等性が図られつつありますが、一方で以下のような課題もかかえています。

- JABEE 認定を受けている教育プログラムは、日本での対象となる全プログラムに対して約 1/3 程度であり、特に一部有力校での JABEE 認定への関心が薄い傾向にあること。
- JABEE 認定は当初は学部レベルの教育プログラム認定からスタートしたため、大学院の教育プログラム認定の整備が遅れた。今後は、学部・大学院の教育プログラムがセットで認定されるケースを増やしていく必要がある。
- 学生への直接的な効果として、就職時に認定プログラム履修生で

あることが採用側に有効に認識されることが強く望まれている。特に、中小企業などにおいてJABEE認定の認識度を高めていく必要がある。

8 むすび

　教育評価では一歩先を進んでいる技術者教育認定の現状を述べました。日本の大学はまだ国際的な変化に十分に対応できているとは言えません。日本企業の技術者教育認定に対する認識も不十分な状況にあります。

　JABEEの認定は法律によって義務化されていない、任意の認定であるにもかかわらず、486の教育プログラムが審査料を支払って受審しています。審査員に登録されている教員と企業の方は約500人いますが、技術者の社会的責任として無報酬で審査に参加して頂いています。JABEEは認定を開始して14年と歴史は浅いですが、認定された教育プログラムの教員と、審査員の皆さんが頑張っていけば、日本の技術者教育は間違いなく改善されていくものと考えます。

　次の世代の日本の若者が世界市場で活躍する機会を作るために、産官学が連携しなければならない時代が来ています。

*1　Graduate Attributes & Professional Competencies Ver.3, IEA
　　http://www.ieagreements.org/IEA-Grad-Attr-Prof-Competencies.pdf
*2　"卒業生としての知識・能力と専門職としての知識・能力"
　　(Graduate Attributes & Professional Competencies Ver.2 の日本語訳)
　　http://hneng.ta.chiba-u.jp:8080/data/iea_ga_pc.pdf

一般財団法人教員養成評価機構における教職大学院評価のポイント

成田喜一郎
Narita Kiichiro
東京学芸大学教職大学院 教授

KEY WORD

理論と実践との架橋・往還／協働／研究者教員と実務家教員／
現職教員と学部新卒者

1 教職大学院とは何か

　教職大学院とは、中央教育審議会答申「今後の教員養成・免許制度の在り方 について」（平成18年7月11日）における提言を踏まえた制度改正の下、設置認可された大学が開設したより高度な専門性を備えた力量ある教員を養成し、教職課程の改善のモデルとなる専門職学位課程の大学院である。

　我が国では近年、いじめ、不登校、家庭や地域の教育力低下、子どもの貧困、虐待、発達障がいの子どもの増加、学力低下、学校の小規模化など、学校教育の課題が複雑化・多様化してきている。また、社会の急激なる変化に伴い、保護者や児童生徒、地域住民の学校に対する期待やニーズも多様化している。これらに対応できる高度な専門性と実践的指導力を身につけたスクールリーダーを育成する教職大学院が、平成20年4月、20大学で創設され、翌年、さらに5大学に開設され、現在（平成27年3月）、25大学に設置されている。

教職大学院は、次の2タイプのスクールリーダーの養成を目的としている。

①学部段階で教員として基本的な資質能力を習得した者を対象とした、新しい学校づくりの有力な一員となり得る新人教員の養成

②現職教員を対象とした、地域や学校において指導的役割を果たし得るスクールリーダーの養成

教職大学院は、これまでの教育系大学院（修士課程）と比較して次のような特色を有する。

①理論と実践とを架橋・往還し、学校教育のあり方を俯瞰できる教育内容・方法であること。

②学校実習を軸に、ケースメソッド、フィールドワーク、ディベート、ロールプレイング、パネルディスカッション、カリキュラムデザインとその検証授業・研究協議、プロトコルやエスノグラフィーをもとにした実践記録の検討ワークショップなど、アクティブで俯瞰的省察的思考を引き出す指導方法を用いること。教職大学院における学びそのものがアクティブ・ラーニング体験となると言っても過言ではない。また、4割以上の実務家教員が必置とされていること。

③教育分野の高度専門職業人の養成に特化しているので、研究者養成的な研究指導や修士論文は課されないこと。しかし、自ら行ったり観察したり授業実践を意味づけ・価値づけし、他者に伝える／伝わるライティング課題や実践研究成果報告書などを課している大学院がほとんどである。

④大学院の運営全般においてデマンドサイド（学校、教育委員会等）と連携・協働すること。

⑤組織的なFDや外部評価、第三者評価など、不断の検証・改善システムを構築すること。

本稿では、教職大学院の質保証のための認証評価の仕組とその実際、その成果と今後の課題について述べていきたい。

2 認証評価の仕組とその実際

　教職大学院は、他の専門職大学院と同様、「学校教育法」第109条第3項、「学校教育法施行令」第40条に基づき、教育課程・教員組織その他教育研究活動の状況について大学関係者や学校関係者、地方教育行政担当者等から構成される専門の認証評価機関により5年以内ごとに認証評価（第三者評価）を受けることが義務付けられている。

　教職大学院の認証評価については、平成22年3月31日に文部科学大臣から認証された「一般財団法人教員養成評価機構」が行っている。

　以下、教職大学院「認証評価実施要項」にもとづき、認証評価の概要について述べる。

(1) 目　的

　教職大学院を置く大学からの求めに応じ、教職大学院に対して実施する認証評価においては、「教職大学院等の教育活動等の水準の維持及び向上を図るとともに、各教職大学院の個性的で多様な発展に資すること」を目的としている。学校教育法・専門職大学院設置基準等に適合した教職大学院等の認証評価に関する基準を定め、以下3点について行っている。

① **教職大学院の教育活動等の質保証**：「教職大学院を定期的に評価し、教育活動等の状況が評価基準に適合するかを認定する

② **教職大学院の教育活動等の改善**：「教職大学院の教育活動等について多面的な評価を実施し、評価結果を当該教職大学院にフィードバックする

③ **教職大学院が広く国民から理解と支持が得られるための支援・促進**：「教職大学院の『長所として特記すべき事項』の積極的な記述から、教育活動等の状況を多面的に明らかにする

(2) 実施体制

　認証評価を実施するにあたり、評価委員会を設置し、その下に具体的な評価を実施するため、評価員により構成する評価専門部会を設置する。評

価専門部会は、評価実施大学院の数に応じて評価チームを編成する。一評価チームは、年度あたり原則2大学の教職大学院等の評価を担当し、ピア・レビュー型評価を実施するため、教職大学院等設置大学等の関係者4名、さらに評価の透明性と公平性を担保する観点から大学関係有識者及び一般有識者等2名で編成され計6名で行われることが多い。評価委員は、国・公・私立大学の大学関係者、地方教育行政関係者、学協会及び経済団体等の関係団体から教職大学院等設置大学関係者、大学関係有識者及び一般有識者の候補者の推薦を受け、理事会での決定を経て決定する評価委員会の委員を兼ねる者（主査）を除き、評価委員会で決定する。ただし、評価実施大学院に関係する者は、当該大学院の評価チームには配置しない。評価チームの中で、評価実施大学院ごとに主査、副査を選出する。1つのチームで2大学を担当するが、主査となった者は、もうひとつの大学院の副査を担当することになっている。また、評価委員に対しては、共通理解の下で適切かつ円滑に評価を行い、評価をより実効性が高いものとするため、書面調査の前に評価に関する研修を実施している（認証評価実施要項より）。

(3) 方　法

①各教職大学院等における自己評価

評価を受ける教職大学院等は、別に定める『自己評価書作成要領』により、自己評価を実施し、「自己評価書」を作成する。自己評価は、10の「基準領域」を構成する「基準」ごとに、その内容を「基本的な観点」に従い教育活動等の状況を分析し、記述する。

②教員養成評価機構における評価

評価は、評価専門部会が書面調査及び訪問調査により実施する。書面調査は、各教職大学院が作成した自己評価書（基礎データ、自己評価の根拠として提出する資料・データを含む）及び評価専門部会が独自に調査・収集する資料・データ等により分析を行う。訪問調査は、別に定める『訪問調査実施要領』に基づき、書面調査で確認できなかった事項等を調査する。

評価結果は、基準ごとに、自己評価の状況を踏まえ、教育活動等の状況が評価基準に適合するかどうか判断し、理由を明らかにする。評価基準に適合しているかどうかの判断は、「基本的な観点」個々の内容ごとに行うのではなく、「基準」ごとに行っている。基準を満たしている場合でもさらに改善の必要が認められる場合や取り組みが優れていると判断される場合は、その点を明らかにする。

　③意見の申立てと評価結果の決定

　評価結果を決定する前に、評価結果案を大学に提示し、その内容等に対する意見申立ての機会を設け、再度審議する。意見の申立てがあった場合には、評価委員会の下に「意見申立審査会」を設け、審議する。意見の申立てに対する審議を経て、評価委員会において評価結果を決定する。

(4) **教職大学院評価基準**（平成26年3月6日改正）

　評価基準は、10の「基準領域」から成り、その下に「基準」が設定されている。「基準」は、各基準の細則である「基本的な観点」のいくつかを含み、その内容により次の2つのレベルに分類される。

　（レベルⅠ）各教職大学院において、定められた内容が満たされていることが求められるもの。

　（レベルⅡ）各教職大学院において、定められた内容に関する措置を講じていることが期待されるもの。

　ここでは各基準領域における「基準」のみを挙げ、「基本的な観点」は割愛する。

【基準領域1：理念と目的】基準：3（基本的な観点：2）

　　1-1：レベルⅠ　当該教職大学院の理念・目的が法令に基づいて明確に定められていること。

　　1-2：レベルⅠ　人材養成の目的及び修得すべき知識・能力が明確になっていること。

【基準領域2：学生の受入れ】基準：3（基本的な観点：4）

　　2-1：レベルⅠ　人材養成の目的に応じた入学者受入方針（アドミッショ

ン・ポリシー）が明確に定められていること。

2-2：レベルⅠ 入学者受入方針に基づき、公平性、平等性、開放性が確保され、適切な学生の受入れが実施されていること。

2-3：レベルⅠ 実入学者数が、入学定員と比較して適正であること。

【基準領域3：教育の課程と方法】基準：5（基本的な観点：5）

3-1：レベルⅠ 教職大学院の制度並びに各教職大学院の目的に照らして、理論的教育と実践的教育の融合に留意した体系的な教育課程が編成されていること。

3-2：レベルⅠ 教育課程を展開するにふさわしい授業内容、授業方法・形態が整備されていること。

3-3：レベルⅠ 教職大学院にふさわしい実習が設定され、適切な指導がなされていること。

3-4：レベルⅠ 学習を進める上で適切な指導が行われていること。

3-5：レベルⅠ 成績評価や単位認定、修了認定が大学院の水準として適切であり、有効なものとなっていること。

【基準領域4：学修成果・効果】基準：2（基本的な観点：7）

4-1：レベルⅠ 各教職大学院の人材養成の目的及び修得すべき知識・能力に照らして、学習の成果や効果が上がっていること。

4-2：レベルⅠ 修了生が教職大学院で得た成果が学校等に還元できていること。また、その成果の把握に努めていること。

【基準領域5：学生への支援体制】基準：2（基本的な観点：7）

5-1：レベルⅠ 学生相談・助言体制、キャリア支援等が適切に行われていること。

5-2：レベルⅡ 学生への経済支援等が適切に行われていること。

【基準領域6：教員組織】基準：5（基本的な観点：13）

6-1：レベルⅠ 教職大学院の運営に必要な教員が適切に配置されていること。

6-2：レベルⅠ 教員の採用及び昇格等の基準が、適切に定められ、運

　　　　用されていること。

　　6-3：レベルⅡ　教職大学院における教育活動に関連する研究活動が組
　　　　織的に取り組まれていること。

　　6-4：レベルⅠ　授業負担に対して適切に配慮されていること。

【基準領域7：施設・設備等の教育環境】基準：1（基本的な観点：5）

　　7-1：レベルⅠ　教職大学院の教育研究組織及び教育課程に対応した施
　　　　設・設備並びに図書、学術雑誌等の教育研究上必要な資料が整
　　　　備され、有効に活用されていること。

【基準領域8：管理運営】基準：4（基本的な観点：6）

　　8-1：レベルⅠ　各教職大学院の目的を達成するために必要な管理運営
　　　　のための組織及びそれを支える事務組織が整備され、機能して
　　　　いること。

　　8-2：レベルⅠ　教職大学院における教育研究活動等を適切に遂行でき
　　　　る経費について、配慮がなされていること。

　　8-3：レベルⅠ　教職大学院における教育活動等の状況について、広く
　　　　社会に周知を図ることができる方法によって、積極的に情報が
　　　　提供されていること。

【基準領域9：点検評価・ＦＤ】基準：2（基本的な観点：7）

　　9-1：レベルⅠ　教育の状況等について点検評価し、その結果に基づい
　　　　て改善・向上を図るための体制が整備され、取り組みが行われ
　　　　ており、機能していること。

　　9-2：レベルⅠ　教職大学院の担当教員等に対する研修等、その資質の
　　　　向上を図るための組織的な取り組みが適切に行われていること。

【基準領域10：教育委員会及び学校等との連携】基準：1（基本的な観点：3）

　　10-1：レベルⅠ　教職大学院の目的に照らし、教育委員会及び学校等と
　　　　連携する体制が整備されていること。

(5)「適格認定」の要件

　　各教職大学院は、評価の結果、レベルⅠの「基準」をすべて満たす場合

は、「教職大学院評価基準に適合している」と評価される。レベルⅠの「基準」を1つでも満たしていない場合は、「教職大学院評価基準に適合していない」と評価される。適合認定を受けた教職大学院等は、評価基準で定める要件を継続的に充足するだけではなく、当該教職大学院等の目的に照らし、教育活動等の水準を高めることに努めるとする。

(6) 認証評価のスケジュール

評価実施の前年度
- 11月 ・実施大学から評価申請
- 3月 ・評価委員会 評価実施大学の決定・実施通知・評価手数料支払書類等送付

評価実施年度
- 5月 ・評価委員会 評価専門部会の設置、評価員の選出
  - ・評価手数料納付
- 6月 ・評価専門部会 評価員の研修
  - ・実施大学から自己評価書の提出
- 7月~8月 ・書面調査
- 9月 ・評価専門部会（評価チーム会議）訪問調査の打合せ
- 10月~11月 ・訪問調査
- 12月 ・評価専門部会 評価結果原案の決定
- 1月 ・評価委員会 審議・評価結果案提示・意見の申立て手続き
- 2月 ・意見申立審査会 審議
- 3月 ・評価委員会 審議・評価結果の決定

(7) 評価結果の公表と情報公開

評価結果は、教員養成評価機構のサイトで公開される。
http：//www.iete.jp/

(8) 評価費用

評価費用については、1回あたり1教職大学院等につき315万円（消費

税込）の評価手数料がかかる。

3 質保証に向けた認証評価の成果と課題

　教職大学院の認証評価の目的は、「教職大学院等の教育活動等の水準の維持及び向上を図るとともに、各教職大学院の個性的で多様な発展に資すること」であったが、平成 22 年度〜平成 25 年度において行われた 25 の教職大学院の認証評価は、いずれも「評価基準に適合している」との評価結果が得られたことから、おおむね目的を達成してきたと言ってよい。
　しかし、この間の評価活動を通して見えてきた課題もある。
　まずは、さらなる質保証のために不断の自己評価活動が不可欠となる。
①**教育課程の編成**：今まで以上に「理論と実践を往還する探究的な省察力の育成を図ることのできる体系的な教育課程編成となっているか」（基準領域 3 の基本的な観点 3-1-1）。理論と実践との間をつなぐものは何か、「探究的な省察力」[*1]とはこれまで行われてきた「省察力」とどこをどう差異化していくのか。「理論とは何か」「実践とは何か」という本質的で根源的な問いを踏まえ、その両者の「架橋・往還」又は「融合」については、単なるスローガンやキャッチ・フレーズではなく、それ自体の意味づけや価値づけられた「実質化」をめざす必要がある。[*2]
②**授業内容、授業方法・形態**：「学習履歴、実務経験等に配慮した授業内容、授業方法・形態になっているか（例えば、現職教員学生と学部新卒学生がお互いの特性を生かし協働しながら学び合い進める取り組みと現職教員学生と学部新卒学生の特性を配慮し区別した取り組みなどが考えられる）」（基準領域 3 の基本的観点 3-2-1（4））とあるように、より一層「協働」の意味・意義を担保しつつ、現職教員学生と学部新卒学生の特性への配慮と区別を追究する必要がある。
③**学習（学修）の成果・効果**：修了生が教職大学院で得た学習（学修）

の成果が具体的に学校等に還元できているか、その成果の把握や検証が求められてくる。また、基準領域4「教育の成果・効果」が「学習の成果・効果」に変更され、大学院（教員）による「教育内容」の評価ではなく、学生の「学習アウトカム」が正当に評価されていくかが問われてくる。すなわち、OBE（Outcome-based Education）カリキュラムの編成と実施が求められてくる。[*3]

④ **教員組織**：「教員組織は、研究者教員と実務家教員との協働が図られ、理論と実践との融合という視点から、全体として実践的な力量形成を意識した教育が行われるように組織されているか」（基準領域6の基本的な観点6-1-7）、「教育活動に関連する研究活動が組織的に行われているか」（基準領域6の基本的な観点6-3-1）とあるように、さらにその「協働」の質を如何に担保するかである。

⑤ **点検評価・FD**：基準領域9「教育の質の向上と改善」が「点検評価・FD」に変更され、過去5ヶ年間の自己点検評価や外部評価関係資料が作成・保管されているか（基準領域9の基本的な観点9-1-5）。そして、FDについては、「学生や教職員のニーズが反映されており、教職大学院として適切な方法で実施されているか。特に、研究者教員と実務家教員との相互の連携・意思疎通を図るとともに、研究者教員の実践的な知見、実務家教員の理論的な知見の充実に、それぞれ努めているか。また、その取り組みが教育の質の向上や授業改善に結びついているか」（基準領域9の基本的な観点9-2-2）である。

⑥ **教育委員会及び学校等との連携**：教職大学院の管理運営体制の中で教育委員会及び学校等との連携協議会が明確に位置づけられ、今まで以上に、「恒常的に機能しているか」が問われている（基準領域10の基本的な観点10-1-2）。

そして、こうした教職大学院評価基準を踏まえて実施・実践に移すだけではなく、さらに教職大学院における教育研究及び組織運営のプロセスにおいて常に「形成的アセスメント」を行っていく必要がある。

そのためには、教職大学院につながりかかわる学生・教職員・組織として、絶えざる「自己省察」と、個人間・組織間の「ピア・レビュー」が不可欠であろう。その意味で教職大学院に関わるすべての人々と組織にとってFD／SD研修のさらなる充実が喫緊の課題である。

まさに、それぞれの個人の専門性・領域等の限界や境界を超え、越境し協働する次世代型FD／SD研修が、教職大学院の質保証の鍵を握っていると言っても過言ではない。

真に「学び続ける教師」を育てるためには、研究者教員であろうが実務家教員であろうが、ともに学び合い続ける教職大学院教員でなければならない。

*1 教員の資質能力向上に係る当面の改善方策の実施に向けた協力者会議（2013）「大学院段階の教員養成の改革と充実等について」（平成25年10月15日）、p.12。
*2 ノイヴェークの「知ること（知識）」と「できること（技量）」との「融合モデル」と「区分モデル」を参照されたい。山名淳（2014）「学問システムと教育システムの間で揺らぐ教育哲学」『教員養成を哲学する：教育哲学に何ができるか』東信堂、p.97。
*3 田辺政裕編著（2013）『アウトカム基盤型教育の理論と実践』篠原出版新社。Ronald M. Harden , Jennifer M. Laidlaw（2013）『医学教育を学び始める人のために Essential Skills for Medical Teacher』篠原出版新社、大西弘高監訳等（教育プロフェッショナル育成のためのカリキュラム研究を行う際、とりわけ近年の〈医学教育カリキュラムの理論と実践〉に関する諸文献は注目に値する）。

参考文献
・教員養成評価機構「認証評価事業」：http://www.iete.jp/project/index.html
　＜認証評価に関する規程・要項・要領＞
　教職大学院等の認証評価に関する規程
　一般財団法人教員養成評価機構の認証評価手数料に関する規程
　認証評価実施要項（平成26年7月11日改正）：
　　　　　　http://www.iete.jp/project/h26/ninsyou_youkou.pdf
　自己評価書作成要領（平成26年7月11日改正）：
　　　　　　http://www.iete.jp/project/h26/jikohyouka_youryou.pdf
　訪問調査実施要領（平成26年7月11日改正）：
　　　　　　http://www.iete.jp/project/h26/houmon_youkou.pdf
　＜評価基準＞
　教職大学院評価基準（平成26年3月6日改正）：
　　　　　　http://www.iete.jp/project/h26/hyouka_daigakuin.pdf
・文部科学省（教職大学院）：
　　　　　　http://www.mext.go.jp/a_menu/koutou/kyoushoku/kyoushoku.htm
・日本教職大学院協会「教職大学院とは」：
　　　　　　http://www.kyoshoku.jp

以上のURLは、すべて2015/03/12参照。

論 文

学修成果から見た高等教育の質保証

山田礼子
Yamada Reiko
同志社大学 教授、学習支援・教育開発センター 所長

KEY WORD

学修成果の測定／標準試験／学生調査

1 はじめに

　現在の日本の高等教育を巡る課題として、「教育の質保証」が浮上している。その契機となったのは、2008年の中央教育審議会答申『学士課程教育の構築に向けて』の公表であった。それ以来、各大学が自らの教育理念と目標に基づき、学生の成長を実現する学習の場として学士課程を充実させることが強く求められてきた。その後の中教審の議論を通じても一貫して学士課程の充実は重要な論点として位置づけられ、2012年の同答申『新たな未来を築くための学士課程教育の質的転換に向けて〜生涯学び続け、主体的に考える力を育成する大学へ〜』においては、より学修成果を意識して、アセスメント・ポリシーの確立が新たに加えられている。「アセスメント・ポリシー」とは、学生の学修成果の評価（アセスメント）について、その目的、達成すべき質的水準及び具体的実施方法などについて定めた学内の方針のことを意味すると記述されている。具体的に学生の学修成果の評価にあたっては、学修時間の把握といった学修行動調査[*1]やアセスメント・

テスト（学習到達度調査）あるいはルーブリック等、どのような具体的な測定手法を用いたかを合わせて明確にすることが、大学が直ちに取り組むことが求められる事項として挙げられている。

　こうした学修成果志向の動きは日本に限ったことではなく世界の共通動向であるといえる。本稿ではそうした世界の学修成果を巡る動向を高等教育の質保証という視点から検討する。次に、日本の高等教育における学修成果と環境との関係についてデータから把握する。

2 世界における高等教育の質保証の動向

　現在、世界、とりわけ先進国においては知識基盤社会を構築すべく、社会システムの変革、高等教育や人材育成システムの変革を目指して既存のシステムを再構築し、政策も科学技術を支える高等教育や産業への進展を重点的に進めることが共通している。教育の質を保証するという非常に困難な課題が、日常的に大学関係者の間で話題になるのもこうした現状を反映しているといえなくもない。実際、日本においては、高等教育のユニバーサル化が進行し、大学の入学者選抜が従来のような入学者の質保証機能を保持することは難しくなってきている。したがって、多様化した学力・学習目的をもった学生に対する大学の教育力が期待され、その結果としての高等教育の質保証を出口管理によって達成することが強く求められている。少なくない大学が国際通用性の象徴ともいえる GPA（Grade Point Average）制度の活用による卒業判定を実質化するようになってきた。各学部やセンターのみならず大学全体での人材目標の明確化に取り組む大学も登場してきている。主に医学教育の分野で行われている卒業判定試験などは証左である。

　日本に先立って、国家による質保証の枠組みを構築しているイギリスやスコットランドの例にならって、国家による高等教育の資格枠組みの整備の導入の可能性を指摘する声もある。

国家という枠組みではないが、学修成果に主眼を置いた国境を越えての取り組みの代表例に日本もフィージビリティ・スタディに参加した AHELO（Assessment of Higher Education Learning Outcomes）がある。AHELO は、大学教育の成果を世界共通のテストで測定することを目指す取り組みで OECD が開発し、17 ヶ国が 2009 年から 2012 年にかけて参加し、その結果が 2013 年には公表された。AHELO は「一般的技能」「専門分野別技能」「付加価値」「機関の特徴」の四領域から構成され、日本では、「専門分野別技能」領域に「土木工学」分野が予備調査に参加した。各国によって合意されたコンピテンス（力）枠組みにもとづいて国際通用性のあるテストを開発し、妥当性と信頼性を検証することは可能であるという結果が公表されているが、この予備調査結果から本調査にどう結びつけていくかは、コスト等の側面から不透明である。

　AHELO がモデルとしたひとつにアメリカで開発された標準試験である CLA （Collegiate Learning Assessment）がある。CLA は、大学で学んだ成果全般を標準的に測定し、大学間での比較を可能にするような測定ツールとして開発された標準試験である。アメリカには多くの一般教育を測定する標準試験が開発されているが [*2]、CLA は多肢選択ではなく、「クリティカル・シンキング」「分析的理由づけ」「問題解決」「文章表現」を包摂した包括的な能力を測定することを目的として、実生活を想定した場面において、問題解決や理由付けのスキルや力を提示するような設定がなされている。

　アメリカでは、21 世紀に向けての人材育成を目標として高等教育機関が学生の成果をどう具体的に測定できるように、高等教育を改革するかが課題となったスペリング委員会報告以降、高等教育機関では、より具体的かつ明確な成果を示すことがアカウンタビリティであるとされ、高等教育の認証評価を担っている地域基準協会も個別の機関に対して学修成果を何らかの指標を用いて明示することを要求するようになっているのが最近の動向である。学修成果志向を反映して、様々な方策が提示され、実施されてきている。

1990年に公布された「学生の知る権利及びキャンパスの安全に関する法令（Student Right to Know and Campus Security Act）」により、連邦学生資金援助プログラムに参加している大学から、在籍者数、登録者数、卒業率、教職員数、財務状況、学費等コスト、学生資金援助状況に関する情報を報告することが義務づけられたことから、連邦教育省が管轄しているIPEDS（Integrated Postsecondary Education Data System）と呼ばれるデータベースには連邦学生資金援助プログラムに参加しているすべての高等教育機関（4年制大学、2年制大学等）からの情報が集積されている。IPEDSに提供されているデータのなかでも、従来から卒業率が客観的な機関の達成度を示す指標として広く認知されてきたが、その指標への疑問を呈したのが、2006年に公表されたアメリカ教育相長官マーガレット・スペリングスによるスペリングス・レポートであった。スペリングス・レポートは、情報公開、そして拡大する高等教育予算に対して学生の学修成果を目に見える形で示すことをアカウンタビリティという概念で提示した。

　この報告書に応える形で、2007年には公立の4年制大学が参加しているVoluntary System of Accountability（VSA）と呼ばれるプログラムとその一部となるカレッジ・ポートレート（The College Portrait）と呼ばれるデータベースが構築された。データベースに集積されている情報は大きく3つに分類される。第1は学生や保護者にとっての基本的な情報であり、在学生情報、卒業率やリテンション率、授業料や奨学金情報、入試情報、取得学位、学位プログラム、生活コストや生活環境、キャンパスの安全状況、卒業後の進路、カーネギー分類による機関情報から構成されている。第2は、学生の経験の状況調査や満足度など意識調査結果をまとめたレポートから成り立っている項目だが、共通の調査としてNational Survey of Student Engagement（以下NSSE）もしくはUCLAのCooperative Institutional Research Program（CIRP）が共通の学生調査として利用されている。第3は、学生の学修成果に関しての情報である。この学生の学修成果の情報の透明性にはスペリングス・レポートからの強い圧力が反映されている。ス

スペリングス・レポートでは、大学の4年間の学修成果の指標として標準テストの導入と標準テストによる測定結果を公表することが高等教育機関のアカウンタビリティであるとし、強く大学に学修成果の公表を求めた。その結果として、スペリングス・レポートの公表以降、アメリカの高等教育機関では、より具体的かつ明確な成果を示すことがアカウンタビリティとされ、地区別基準協会も個別の機関に対して学修成果を何らかの指標を用いて明示することを要求するようになっている。カレッジ・ポートレートの参加大学はこの学修成果にCLAを共通のフォーマットとして用いて、その結果を公表している。

　スペリングス・レポートは地域アクレディテーション団体の方向性にも大きな影響を及ぼした。そもそも、アメリカでは、連邦政府が高等教育機関の設置認可、学位に係る水準、予算配分等の事項の権限を有しているわけではなく、州政府がそれらの権限を有し、かつ学生の入学、在籍、履修、卒業・終了に係る基準においては、大学機関の自律性も保証されてきた。それゆえ、各大学あるいは地域毎の独自性、すなわち管轄地域にある大学の歴史と直面している問題や状況の差異そのものが、各地域基準協会が実施するアクレディテーションの個性として機能してきたともいえる。スペリングス・レポートの公表以前までは、地域基準協会は質保証については、一律的、あるいは一元的な方向性で定め、枠をはめるのではなく、各機関がその機関に応じたミッションを定義し、目標を設定し、達成することを推進していくことを示唆するInstitutional Effectivenessという言葉で表現し、アクレディテーションを実施してきた。しかし、スペリングス・レポートにより、学修成果や機関の達成度は「透明性」「アカウンタビリティ」という基準で括られ、より機関ごとの比較を意識した形での情報公開が求められるようになったため、地域基準協会の多くが、管轄地域にある大学機関に対して明確な学修成果の提示を要求している。このような政策動向が各大学機関における学修成果志向にむけたアセスメントの実施に影響を及ぼしていることは想像に難くない。

さて、知識基盤社会に対応する人材の育成が世界の共通点であると同時に、「グローバル人材の育成」も最近の世界の共通項である。日本も含めたグローバル企業の多くが、大学卒業者を自国のみならずグローバル市場で採用することが極めて通常になっている。その場合、学修成果の象徴ともいえる学位の等価性および採用後のコンピテンスへの関心は国境を越えて重要となる。2014年にはスーパーグローバル大学事業が文科省より実施され、世界ランキング100位以内を目指すタイプAの大学とグローバル化を牽引するタイプBの大学への申請がそれぞれ16大学と93大学からあった。結果として、それぞれ13大学と24大学が採択された。構想調書に提示されている国境を超えての教育の質保証に関連した項目を見ると、例えば、ナンバリング実施状況、GPA導入状況、シラバスの英語化の状況・割合、教育プログラムの国際通用性と質保証等が挙げられている。これらの項目からは、国境を越えての学位プログラムの等価性、単位の互換性が重要視され、共同学位やダブルディグリーが今後急速に進展する可能性が読み取れる。

　こうした状況においては、学位プログラムをいかに構築し、それが世界標準になるか、そのプログラムを通じて学んだ学修成果が日本だけのものではなく、世界でも通用するかという国際通用性が重要となる。それを支えるシステムが科目ナンバリングであり、チューニングと呼ばれる「育てたい人材像」「大学教育のアウトカム」を学問分野別に定義し、アウトカムの獲得を目指す学位プログラムを体系的に設計・実践するための実践的手法である。

　日本では日本学術会議において分野別参照基準が様々な分野において、議論され明示されるようになってきているが、チューニングは個別の国における分野別での学修成果ではなく、国境を越えて学修成果が共有できることに主眼が置かれている。さらには、学生や雇用側にも学修の基準がわかりやすく提示することもチューニングの機能とされていることから、学修成果を社会の側も共有することにもつながり、雇用側から見たコンピテ

ンスの質保証へとつながる可能性もある。それを支えるシステムが科目ナンバリングでもある。科目ナンバリングを通じて、学問分野や難易度、位置づけが明確になり、学士課程の科目全体を課程・専攻ごとに体系化が可能となる。国内外の大学との単位互換が容易になり、学位プログラムの等価性あるいは共同学位の授与へとつながるという機能を持っている。

　本節では、日本を含めたアメリカを中心とする世界の高等教育政策の学修成果志向とそれに合わせた世界で進展しつつある質保証について検討してきた。次節では、大学という環境の整備と学生の学修という視点から日本の学生の実情を検証してみたい。

3 大学という環境と学修成果

　本節では、2004年から実施してきているJCIRP[*3]から2010年に実施したJCSS2010のデータを使用する。JCSS2010には、国公私立大学から計8300名が参加した。1・2年生の下級生および3・4年生の上級生、人文系、社会科学系、STEM（理工農生物系）、医療系、その他の分野の学生が参加しているが、本研究では、人文系（1093名）、社会科学系（1518名）、STEM（1011名）に属する3、4年生以上の学部学生に焦点を絞って分析を行う。日本学術会議が学修成果に関連して、各分野において分野別参照基準を公表していることから、専攻分野別をキーワードに、主に専門分野と学修成果についての自己評価、教育経験、教員の関与等との関係性について検討してみる。

　20項目の学修成果の専門分野別差異を図1に示しているが、「専門分野や学科の知識」、「一般的な教養」、「分析や問題解決能力」など、大学の教育と直結する知識・能力の向上の度合いがもっとも高く、「人間関係を構築する能力」、「コミュニケーション能力」、「他の人と協力して物事を遂行する能力」など、他者と関わる能力の獲得がそれに次ぐ。他方で、「外国語の能力」、「数理的能力」は獲得の度合いがもっとも低く、また、「グローバルな問題の理解」、「地域社会が直面する課題」、「国民が直面する問題の理解」

など、多様な現代社会の課題に関する理解についても獲得の程度はさほど高くはない。

　専門分野別にみれば、人文系は「一般的な教養」、「異文化の人々に関する知識」、「文章表現の能力」、「外国語の能力」などいわゆる人文学に関する諸能力を、社会系は「国民が直面する問題の理解」、「地域社会が直面する課題」といった社会問題の能力を、自然系は「数理的能力」、「分析や問題解決能力」、「コンピュータの操作能力」など、分析や数的処理に関する能力を向上させている傾向をみることができる。各専門分野の領域固有の知識・能力を、それに対応して専攻する学生はより向上させているといってよいだろう。

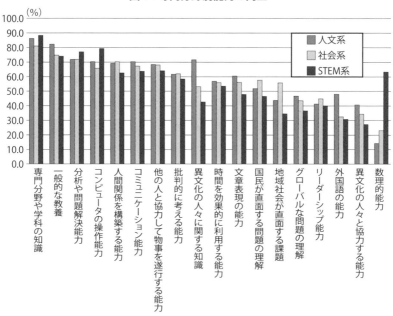

図1：専門分野別能力の向上

　それでは専門分野によって活用される教育方法には差異があるのだろうか。特に、近年注目されている学生が主体的に学習に関わるうえで効果的

な方法とされているアクティブ・ラーニングは、分野によってその使われ方に違いがあるのだろうか。表1には、分野別でのアクティブ・ラーニングの教室での活用度を示しているが、学生が「文献や資料を調べる」、「自分の考えや研究を発表する」機会は人文系に多く、「実験等を通じて学生が体験的に学ぶ」、「授業補助者による補助がある」といった機会はSTEM系に特徴的に多いことが判明した。

次に、アクティブ・ラーニングと能力向上との関係性について見てみよう。図1で示した20項目の学修成果項目を主成分分析（バリマックス法）した結果、4つの因子が抽出された（因子負荷量.400以上、累積寄与率57.4％）。それぞれを「人間関係力」、「認知的能力」、「現代的課題対応力」、「数理的能力」と命名した。信頼性分析を行った結果、アルファ係数は人間関係力（.83）、認知的能力（.76）、現代的課題対応力（.80）と信頼性が確認されたが、「数理的能力」についてはアルファ係数の値が低かったため、「数理的能力」をはずした3因子「人間関係力」、「認知的能力」、「現代的課題対応力」の合成変数得点とアクティブ・ラーニングとの関係を専門分野別に検討するために、2元配置分析により検証した。例として、「学生が自分の考えや研究を発表する機会がある」授業を経験した学生の方がいずれの分野においても、そういう「機会がない」授業の受講者よりも3つの因子すべてにおいて平均得点が高かったことから、こうしたアクティブ・ラーニングの機会を持つことが全分野において機能していることが確認できたといえる。

3因子の平均得点は、「人間関係力」＞「現代的課題対応力」＞「認知的能力」となっているが、「人間関係力」は分野別での差異は比較的小さい。一方、「認知的能力」は人文＞社会、人文＞STEM、「現代的課題対応力」については、人文＞社会、人文＞STEM、社会＞STEMという傾向が確認された。「現代的課題対応力」や「認知能力」には、カリキュラムの構造や内容など分野別での差異が反映されやすいとも推測できる。

学修成果から見た高等教育の質保証

表1　専門分野別による教室内でのアクティブ・ラーニングの活用

	合計		人文分野		社会科学分野		STEM	
	平均値	SD	平均値	SD	平均値	SD	平均値	SD
学生自身が文献や資料を調べる	3.02	.771	3.17	.744	2.95	.776	2.98	.773
学生が自分の考えや研究を発表する	2.87	.733	3.07	.684	2.87	.720	2.65	.733
授業中に学生同士が議論をする	2.60	.804	2.71	.816	2.70	.757	2.32	.791
実験、実習、フィールドワークなどを実施し、学生が体験的に学ぶ	2.57	.954	2.34	.951	2.53	.923	2.89	.918
教員は提出物に添削やコメントをつけて返却する	2.48	.813	2.50	.804	2.39	.831	2.59	.780
仕事に役立つ知識やスキルを学ぶ	2.46	.819	2.34	.822	2.63	.812	2.32	.777
授業の進め方に学生の意見が取り入れられる	2.45	.777	2.52	.786	2.52	.762	2.26	.759
授業内容が社会や生活に関わっているかを説明する	2.33	.813	2.18	.823	2.45	.809	2.29	.781
授業補助者（TA・SAなど）による補助がある	2.23	.947	1.86	.878	2.09	.859	2.85	.847
テーマを学生が設定する	2.19	.823	2.29	.854	2.28	.803	1.97	.823

最高点は各項目4点　　　　　　　　　　　　　　　　　　　　　　すべてp<.0001

表2　「自分の考えを発表する機会」の有無と学修成果の獲得状況

専門分野	人文系		社会科学系		STEM		主効果（F値）		
自分の考えを発表する機会	機会あり	機会なし	機会あり	機会なし	機会あり	機会なし	専門分野	自分の考えを発表する機会	交互作用
人間関係力	22.2	21.3	22.4	20.9	22.2	20.6	2.98*	90.73***	2.1
	3.32	3.54	3.25	3.37	3.32	3.61			
現代的課題対応力	21.3	20.1	20.9	19.9	20.4	19.2	16.97***	80.16***	.34
	3.17	3.82	3.05	3.19	3.01	3.08			
認知的能力	19.3	18.2	19.1	18.1	19.3	18.1	1.10	120.3***	.11
	2.33	2.68	2.41	2.62	2.24	2.85			

上段：平均値　下段：標準偏差　　　　　　　　　　　　　　　*p<.05 **p<.01 ***p<.001

表3 分野別での教員の関わり度

	合計		人文分野		社会科学分野		STEM		
	平均値	SD	平均値	SD	平均値	SD	平均値	SD	有意確率
教育課程や授業に対する助言や指導	2.35	.948	2.35	.950	2.29	.963	2.48	.904	p<.0001
学習能力を向上するための手助け	2.25	.913	2.22	.917	2.20	.913	2.39	.896	p<.0001
成績評価以外の学習アドバイス	2.19	.920	2.15	.912	2.17	.926	2.25	.914	p<.05
専門的な目標の達成や手助け	2.14	.939	2.08	.956	2.08	.919	2.32	.935	p<.0001
知的にやりがいのある課題や励まし	2.11	.908	2.06	.915	2.08	.903	2.19	.906	p<.0001
授業以外でも学習内容を話し合う機会	2.04	.919	1.96	.917	2.03	.914	2.14	.921	p<.0001
精神的なサポート	1.94	.889	1.87	.884	1.97	.909	1.95	.851	p<.005
教室での学習を「実生活」に応用する機会	1.85	.827	1.79	.821	1.87	.843	1.87	.800	p<.005
研究プロジェクトに関わる機会	1.75	.886	1.55	.780	1.64	.833	2.15	.953	p<.0001
大学院進学への励まし	1.67	.907	1.43	.745	1.50	.820	2.21	.981	p<.0001
推薦状の執筆	1.48	.750	1.37	.662	1.45	.731	1.62	.842	p<.0001

最高点は各項目4点

　表3に示しているように、分野別での教員の関わり度を見てみると、STEM系では教育課程や授業、学習能力向上への指導、手助け度が高く、研究プロジェクトや大学院進学などの関わり度も比較的高い。しかし、全般的に見て、平均値が1点台半ばから2点台前半ということから鑑みるとそれほど教員の学生への関わり度が高いとはいえず、学修成果の質の保証にはより教員の積極的な関わりが期待されよう。

　学修成果の獲得については、人間関係やコミュニケーション能力など分野を超えての共通の成果があることが確認される一方で、各専門分野の領域固有の知識・能力を、それに対応して専攻する学生はより向上させているといったことも確認された。

　アクティブ・ラーニングの導入は、学修成果の獲得にポジティブに機能することもデータからは確認できている。学修成果の質保証という視点から見た場合、このような調査を継続的に実施し、その際、例えば、10年前の学生と今の学生がどう違うのか、時系列で把握しながら、長期的に学生がどう変容しているのか、そうした変容と大学教育との関係性の検証を実施することが、高等教育の質保証という視点からは肝要であるといえるだろう。

4 おわりに

　ここまで学修成果を巡る質保証に関連して、教育課程内に視点をおいて検討してきた。こうした質保証には、教育課程を形成する枠組みに関連した標準試験、科目ナンバリング、チューニング、かつアクティブ・ラーニングや教員のFDに関連した具体的な方法が含まれる。一方、正課外での学修に関連した取り組みの重要性も学修成果の質保証という点から看過できない。インターンシップ、スタディ・アブロードなどの正課外での経験を充実させること、さらには近年注目され、多くの高等教育機関が設置してきている「ラーニング・コモンズ」のような学生同士の学び合いおよび授業の事前・事後の学習をサポートする環境の整備も不可欠となる。つまり、学修成果の質保証を機能させるためには、大学を総体として捉え、教育課程内外での環境の整備と結果の検証が有機的に結びつくことによって可能となることを認識していかねばならない。

---

*1　学修（習）行動調査と学生調査はその内容からしてほとんど意味は同じであると捉えられる。本稿では、文部科学省の『審議のまとめ』あるいは『答申』で使われている調査については学修（習）行動調査とし、筆者自身が使用してきた調査については『学生調査』という用語で統一して使用した。

*2　CAAPやMAPPなどが代表的である。MAPPも一般教育の成果測定のために開発されたテストであるが、MAPPは現在名称変更されて、ETS Proficiency Profileと呼ばれている。
http://www.aacc.nche.edu/newsevents/Events/convention2/virtualtotebag/Documents/ets1.pdf

*3　大学生調査（以下JCSS）、新入生調査（JFS）、短期大学生調査（JJCSS）の3種類の学生調査から構成されている学生調査プログラムで3種類の学生調査には2014年3月までに825大学から128719名が参加した。

参考文献
・Departmennt of Education 2006: A Test of Leadership: Charting the Future of American Higher Education, Report of the Commission Appointed by Secretary of Education Margaret Spellings, Washington, D.C.: U.S. Department of Education.
・Shavelson ,Richard, J. 2010: Measuring College Learning Responsibly: Accountability in a New Era. San Francisco, Calif: Stanford University Press.
・中央教育審議会　大学分科会答申　2008：『学士課程教育の再構築に向けて』文部科学省。
・中央教育審議会　大学分科会答申 2012：『新たな未来を築くための学士課程教育の質的転換に向けて〜生涯学び続け、主体的に考える力を育成する大学へ〜』文部科学省。
・山田礼子 2012：『学士課程教育の質保証へむけて：学生調査と初年次教育からみえてきたもの』東信堂、273頁。

教学マネジメントからの質保証

濱名　篤
Hamana Atsushi
関西国際大学 学長

KEY WORD

教学マネジメント／質保証／アセスメントプラン

1 教学マネジメントとは

　最初に「教学マネジメント」とはなにかを確認することにしましょう。
　教学マネジメントという課題が高等教育関係者に頻繁に取り上げられるようになったのは、中央教育審議会答申「新たな未来を築くための学士課程教育の質的転換に向けて」(2012年8月)において、大学に対し「速やかに取り組むことが求められる」ことのひとつとして、「教学マネジメント」を位置づけたことが契機です。具体的には、①学長を中心とする、副学長・学長補佐・学部長及び専門スタッフ等がチームを構成し、②大学としての学位授与の方針（全学のディプロマポリシー）の下で、学生に求められる能力を、プログラムとしての学士課程教育を通じていかに育成するか（学生が修得する124単位を一括りとする学位プログラム単位でのディプロマ・ポリシー）を明示し、③個々の授業科目が能力養成のどの部分を担うのかを（教員間の議論を通じて）共有し、他の授業科目と連携し関連させ合いながら組織的な教育を展開する（学位プログラムとしてのカリキュラ

ム・ポリシー）。そして、④プログラム共通の考え方や尺度（アセスメントポリシー）に則った成果の評価を行い、⑤その結果を踏まえたプログラムの改善・進化、という一連の改革サイクルが機能する教学マネジメントの確立を図る。このように記述されています（括弧内は筆者が挿入）。

　教学マネジメントが近年、世界の高等教育の課題として重視されてきたのは、高等教育の質保証がグローバル化の進行とともに共通課題となり、どのように学修成果をあげているかが問われるようになってきたことと関係しているといえます。教学マネジメントは、英語では Management of teaching and learning ですが、教員からみた「教学」すなわち "教育 teaching" と学生からみた "学習 learning" について、カリキュラムだけでなく教育や学習の支援体制も含めたマネジメントを行うことです。定義するならば、教学マネジメントとは、「教育目標を達成するために教育課程を編成し、その実現のための教育指導の実践・結果・評価の有機的な展開に向け、内部組織を整備し、全体を運営すること、言い換えれば、ディプロマ・ポリシー、カリキュラム・ポリシー、アドミッション・ポリシーを結合し、教育力の向上に対する組織的な取り組みをすること」であり、教職員の能力開発ならびに協働関係の構築なども含め、これらすべてを総合的にとらえたマネジメントを指すといえます。ステークホルダーに認めてもらえる教育の質保証や、質向上のための大学経営の仕組みといってもいいでしょう（濱名 2012）。

　高等教育研究の第一人者である天野郁夫氏は、高等教育の質保証の問題を、さまざまな「装置」から成り立つ一つのシステムと考える視座を提言し（天野郁夫『大学改革を問い直す』、慶應義塾大学出版会、2013、125 頁）、質保証のための 4 つの基本的な装置を以下の 4 つに整理しています。ⅰ．設置基準、ⅱ．入学者選抜、ⅲ．評価システム、ⅳ．教育過程（教育のプロセス）です。天野氏はさらに、4 つの装置は相互に依存的な関係にあり、近年ⅰとⅱが弱体化し、ⅲとⅳが形成途上にあると現状分析をしています（天野、141 頁）。そのうえで、ⅳ．の教育過程が質保証の「最

重要の質の保証装置になりつつ」あり、「ほかの3つは、それを支援する装置としてある」という認識を「大学と大学関係者は持つ必要がある」と指摘しています（天野143頁）。カリキュラムの再編や改革、教育方法の改善、成績評価や学位授与の見直しまで含んだ教育過程が、本章で取り上げる教学マネジメントが対象とする「教学」です。

　教学マネジメントの対象領域はどこまでなのでしょうか。篠田道夫氏は教学マネジメントの対象は、大学教育の主な4領域（正課教育、正課外教育、進路教育、学生支援システム）にまたがっているとしています。このうち正課教育は、カリキュラム体系が、目標の達成と特色ある人材養成に相応しく系統的に配置され、教育されているか、授業科目の内容を示すシラバスが確実に実行されているか、学生の到達、授業評価・改善システムやGPA制度等が機能しているか等を含んでいます。これらの4領域を統合的に設計し、学生育成、成長の仕組みとして機能させ、統括することが教学マネジメントであるという見方もあります。本章では、正課教育を中心に教育目標の達成を組織的に行うことまでを教学マネジメントをとらえることにします。

2 教学マネジメントの確立の必要性と乖離した現状

　近年の日本の大学経営、とりわけ私大経営の中心は教育にあるといえるでしょう。歴史的にみても、教育が大学そのものの存在意義の根幹をなしてきている場合が多かったといえます。学生の多様化とグローバル化が並行して進んでいく中で、大学の使命や教育目標を達成するために、教育研究組織や教育内容、また教育方法をトータルに設計し、運用・管理していくための教学マネジメントが一層必要になってきています。

　用いられるマネジメントの具体的方法としては、執行部の意志決定支援システム、自己点検・評価、戦略的計画立案、IR、エンロールメント・マ

ネジメント、ベンチマーキングなども含まれます。それらの方法を活用するための基本情報としては学生の学力実態、学修成果、将来への希望など教育活動と学生の学修や生活に関する情報があります。教学マネジメントが多義的に受け取られるのは、こうした様々な項目を具体的にどのように組み合わせて、どのようなシステムにしていくかによって、その形態に大きな違いが出てくるからかもしれません。目標を設定するにせよ、具体的な教育過程をマネジメントするにせよ、それらの成果を評価するにせよ、学生や教育についてのこれらの情報を活用し、プロセスや成果を可視化していかなければなりません。

　教学マネジメントの確立ということを考えると、大学の特性によって課題は大きく異なってきます。大規模大学・総合大学では学長のガバナンスの問題に関心が集まりやすいようです。両角亜希子氏は、日本の私立大学経営にはガバナンスとマネジメントの両方が含まれており、その両者が明確に区別されていないと主張しています。アメリカの大学は、理事会が長期的視野に立って運営・発展について考え、マネジメントを支えるという役割（監督機能）を果たし、大学執行部は教学マネジメントを短期的視野に立って担当し日常的業務を行う（執行機能）という、「シェアード・ガバナンス」という分担関係になっています（両角亜希子『私立大学の経営と拡大・再編』東信堂、2010、46頁）。アメリカの教学マネジメントとは、理事会の承認した政策と手続きの範囲内で、大学の効果的な運営、目標の達成、資源の効果的な使用、教育、研究、サービスの最高水準の創造的支援を果たすこと（フランク・ローズ前コーネル大学長）なのです。これに比べると日本では、ガバナンスと教学マネジメントが混同されやすい状態となっているようです。

　認証評価に携わってこられた川口昭彦氏は、「各大学が、それぞれの使命、理想像および目的を明確にし、それに基づいて目標を策定し行動計画を練るためには、外部環境分析と内部環境分析が不可欠（川口昭彦『大学評価文化の定着』ぎょうせい、2009、154頁）」と述べ、大学自身が教学マネ

ジメントの方向性を自らの責任で定め、現状分析に基づく具体策の立案を求めています。教学マネジメントにはこうした自らの責任で目標を設定し、それに沿った内容を実行し、その結果を検証するプロセスが組み込まれていることが重要だといえるでしょう。

大学教育の目標を設定するためには何をどうしなければならないのでしょうか。「700以上もある大学のすべてをひとくくりにして『大学』として扱うことだけはやめなければならない。ひとくちに大学といっても、その実態は多種多様である。そうした前提にたって、個々の大学が、それぞれの学部の教育目的・目標を明確にすることからはじめる必要がある」（草原克豪『日本の大学制度』弘文堂、2008、268頁）という意見を文部科学省OBである草原克豪氏が述べていますが、筆者も同様の意見で、一つひとつの大学に適した目標の設定の仕方があると考えています。

また、同じ目標を掲げる大学内であっても、学部・学科の性格による違いが出てくることもやむを得ません。医歯薬や保健系といった国家試験やコアカリキュラムを共通に設定している分野や教員養成などの目的養成系と、工学のように教育内容の標準化が比較的進んでいる分野、そして人文・社会科学系では大きく状況が違うといえます。濱中義隆氏は学際的に複数の分野を学べるものの、学問的な基礎（「芯」に相当する部分）が十分学べない分野を「芯の無いドーナツ化学部」と形容しています（濱中義隆2013、69頁）。また濱中氏は、「新たな専門的職業教育」を志向する学部・学科では、職業準備教育であることをもって、「芯」の部分を形成し、学生を学習に動機づけようとしている。（中略）明確に特定の職業と結びつかない専攻分野では（中略）、個々の学生の「問題関心」が芯の役割を担う他はない（濱中義隆2013、70頁）と現状を整理しています。

教学マネジメントの第一歩である教育目標の設定がうまくいかなければ、目標が達成されることも難しくなってきます。国家資格のための目的養成分野のようにゴールが見えやすい学部・学科とそうでない学科では違いがあることは確かで、見えにくい学部・学科では、教育目標の設定をど

のようにすればいいのでしょうか。学部・学科単位で「Can - Do」型で、「何々することができる」という形式の目標表現を行い、何を学んだかよりも何ができるようになったかを目標にすることが重要です。つまり教員・学生間で、わかりやすく共有しやすい目標を作成することが必要です。

そのためには、教員個々の科目内容を決める前に、学生たちにどのような力をつけさせることを目標にするのか（ディプロマ・ポリシー）を組織として決定し、どのような教育内容や教育方法（汎用的な知識・スキルの育成にはアクティブ・ラーニングが効果的なだけに）によってその目標を達成しようとするのか（カリキュラム・ポリシー）、どのように成果を評価するのか（アセスメント・ポリシー）を定め、組織として共有していかなければなりません。このことは言い換えると、目標・方法そして成果の評価方法の可視化を行うということです。

3 評価の位相とアセスメント・プラン

こうした評価のプロセスは、全学に加え、評価を行う学部・学科単位でも定めておくことが望ましいといえます。なぜなら、ディプロマ・ポリシーなど3つのポリシーは学部・学科が基本単位となっているからです。次頁の図1は、中教審の「質的転換答申」の別添資料としてつけられたものです（答申33頁）。同じ評価といっても、評価主体が誰であるかと、評価対象が誰であるかによって、評価の方法やデータが変わってくることを示しています。

学修成果を評価する最もミクロな次元は、教員組織が個々の学生の学修成果を評価することです。これが評価の"基本単位"ですが、評価対象によっては、すべての学生のテスト結果やレポートの評価を点検・測定しないと評価ができないわけではありません。授業科目（その担当者としての教員個人）、さらには124単位で構成される学位プログラム（学部・学科単位）、さらには全学を評価対象とする場合、すべての学生のすべての学

修成果をみなければ評価できないということはありません。ランダム・サンプリングあるいは最も優秀・平均的・低位を代表サンプルとして抽出し、それらを評価することによって、母集団である科目、学部・学科、大学全体を評価することは可能です。またその評価材料も、評価主体が大学、あるいは認証評価機関等とマクロになっていけば、活用する情報の範囲も広がっていきます。

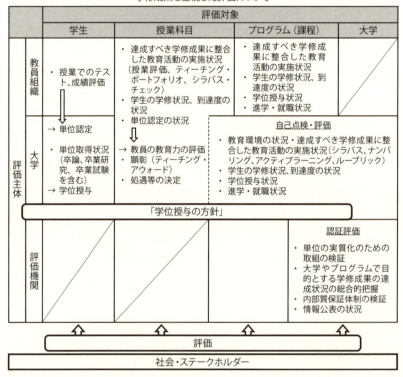

図1　学修成果をめぐる評価の位相（答申資料抜粋）

教学マネジメントはそれぞれの位相ごとに評価活動を設計し、それぞれのレベルでの学修成果に注意を払うことが必要であり、目標設定と最終評

価だけを行うことが教学マネジメントではありません。4年間を1サイクルとして、形成的評価にも用いることができるように、学修成果や様々のデータを複数の時点で収集し、どのような科目、経験、方法等がどの程度有効であったのかを検証していく。教学マネジメントは、こうした仕組みにも寄与するといえます。

図2は、アメリカのリベラルアーツカレッジのひとつ、セント・オラフ大学のアセスメントプランです。

図2 セント・オラフ大学のアセスメントプラン

St. Olaf College Data Collection Schedule

	2012-13	2013-14	2014-15	2015-16	2016-17	2017-18
Institutional						
Collegiate Learning Assessment (CLA)	FY (Week One) SR (Spring)			FY (Week One) SR (Spring)		
Beginning College Survey of Student Engagement (BCSSE)	FY (Week One)		FY (Week One)			FY (Week One)
National Survey of Student Engagement (NSSE)	FY (Spring) SR (Spring)		FY (Spring) SR (Spring)			FY (Spring) SR (Spring)
HEDS[1] Research Practices Survey (RPS)		FY (Week One) FY (Spring) SR (Spring)			FY (Week One) FY (Spring) SR (Spring)	
Learning Goals Questionnaire (LGQ)		FY (Week One) FY (Spring) SR (Spring)		FY (Week One) FY (Spring) SR (Spring)		
National College Health Assessment (NCHA)		All classes (Spring)			All classes (Spring)	
HEDS[1] Alumni Survey			Class of 2010		Class of 2012	
Recent Graduates' First Destination	Class of 2012	Class of 2013	Class of 2014	Class of 2015	Class of 2016	Class of 2017
Department/Program						
Assessment of Majors, Concentrations, and other Academic Programs	Majors	Concentrations Conversations Other Programs	Assessment Action Projects for Majors and All Other Programs		Majors	
Study Abroad Learning Assessment (SALA)	Fall and Spring	Fall and Spring	Fall and Spring	Fall and Spring	Fall and Spring	Fall and Spring
Strategic National Arts Alumni Project (SNAAP)				All classes (Fall)		
General Education						
Assessment of General Education				Individual GE Courses		
Faculty						
Faculty Survey of Student Engagement (FSSE)	Spring		Spring			Spring
HERI[2] Faculty Survey		Fall			Fall	

[1] Higher Education Data Sharing Consortium
[2] Higher Education Research Institute

4年間の内の、いつ、どのタイミングで、誰を対象に評価とその背景情報を収集するかといった計画があらかじめ公表されています。評価のための情報には、CLAのような汎用的能力を測定する外部テストも含まれてい

ますが、多様な方法と尺度を組み合わせ、大学全体の目標達成度を測定し、評価しようとしています。日本では、評価というと毎年・毎学期同じデータをとり続けなければいけないとか、全員のデータを揃えなければならないといった思い込みがあるようですが、何のために何を評価しようというプランに応じて評価の対象や方法を組み合わせ、教学マネジメントの仕組みが機能しているかどうかを検証することが大切なのです。

潮木守一氏は、「大学という組織は、教員の利益のためだけに存在する機関ではない。それは一定の社会的使命を達成することを求められる社会的な公器である。そこで教員を抜きにして、第三者（つまり保護者と学生と企業関係者と同窓生の四者）だけでカリキュラム委員会を作らなければ、カリキュラム改革は絶対できない」（潮木2006、187頁）と述べています。教員任せでは改革を進めることが難しいということです。

図3をみると、多くの大学では学科の教育目標が（1）（2）（3）といった学科の専門性に著しく偏っていることがわかります。従来の共通・教養教育の目的であった（6）（7）は半数未満にとどまり、汎用的な知識・スキルについては（8）（9）が過半数を超えているものの、専門知識と比べ、まだあまり重視されてはいません。つまり、教員任せだと専門分野の内容に偏った教育になりやすいことを裏づけています。

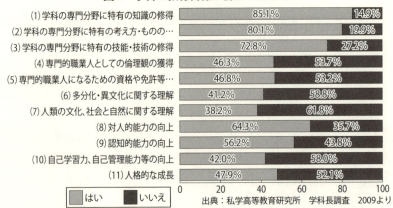

図3　学科の教育目標に含まれるもの

出典：私学高等教育研究所　学科長調査　2009より

「現在、社会で求められている知識とは、既存の学問体系のなかで確立した知識そのもの（あるいはそれを獲得していること）ではない。大学時代に獲得した専門的知識が生涯にわたって有効であるとは考えにくいからである。むしろ重視されるのは、職業や生活の現場で今まさに生産されつつある知識、あるいは職業や生活の現場に即した知識生産のための知識」（濱中義隆　2013、72頁）であるという考えが、産業界のみならず大学関係者からも多く聞かれるようになりましたが、大学教育の目標は専門分野志向がまだ強いといえます。

　いわゆる「汎用的な知識・スキル」を学生が身につけることをさらに難しくしているのが、科目の細分化という日本の大学に多くみられる履修に関する仕組みです。1991年の大学設置基準の大綱化以降、日本の大学は"セメスター制"を導入しました。通年科目が大半を占めていたものを半期セメスター完結にしたのですが、モデルとしたアメリカのように週複数回授業にするのではなく、前期・後期と通年で開講していた科目を2つに分けただけというケースが多数を占めてきました。その結果、学生たちは124単位という卒業要件単位数はそのままに、受講科目数は増加し、1週間に10～12科目も同時に履修する学生が多数になっているのです。10人程度の別々の科目担当教員が同時並行して教育することになりますが、彼らが意図的・組織的に教育目標を共有したり、教育内容について調整や共有を行わない限り、学生は10種類の内容をばらばらに学び、課題や試験に対応していかなければなりません。1科目あたりのエフォート率（自分のすべてのエネルギーの何％をそのことに割くのかの比率）は10％ということになります。学生の学習に割くエネルギーを全部で100％とすれば、1科目あたり10％にすぎません。教員同士が情報交換したり、連携・協力していれば相乗効果が期待できるでしょうが、そうでなければ学生は学習に集中することなどできず、深い学習は期待できそうにありません。教学マネジメントといわれる教育・学修のマネジメントの重要性とは、科目間のヨコのつながりやタテのつながりを組織的につくりだし、学生の学

びの相乗効果を生み出す点にあるといえます。

　それでは、どのようにすれば、連携が可能になるのでしょうか。連携を実現するためには、教育目標を共有する学部・学科を単位として、目標を可視化して、共有していくことが出発点となります。そのうえで目標達成のために有効と思われる教育内容や教育方法を、同じ学年・学期に組織的に活用していくことが必要です。1学期に履修する科目数が多く（1学期に週10～12科目程度）、1科目あたりのエフォート率の低い日本の大学教育ではことさら有効でしょう。また、科目ナンバリングを活用して、科目のタテの体系性を強化していくことも有効だと思われます。

　今日では、学修目標として汎用的な知識・スキルや教養が盛り込まれることが、時代の要請です。こうした目標を達成するには、個々の教員がばらばらに学修目標を設定しているような状況では不可能です。またステークホルダーとの連携・協同も不可欠であるといえるかもしれません。出口である企業等の社会に加え、学生たちにとっての生活世界でもある地域社会との意見交換や協働も不可欠でしょう。彼らはインターシップやサービスラーニングなどの教育活動のパートナーです。大学が、学生たちが成長し社会で活躍できる汎用的な知識・スキルを身につける場であるとすれば、彼らの成長を願うステークホルダーとの相互理解と協力なしに、大学教育の改善を望むことはできないでしょう。

　かつての大学設置基準には、専門教育の主要科目について、どのような科目を置くべきかが設置審査内規で定められていました。この基準も大綱化によって姿を消し、現在では共通・教養教育においても専門教育においても、置かなければならない必修科目の定めは大学設置基準にはありません。日本学術会議が公表を進めている分野別参照基準が専門教育の参考になる程度で、同じ学部・学科名でも教育課程には大きな違いがあります。日本の大学教育は、このように規制緩和の影響も含め「標準的」と呼べる教育目標、教育課程、教育方法、評価方法を持たないシステムになっています。

このような現状に対し、潮木氏は、「しばしば大学教員は単位認定権という絶対的な権限を持っていると思っている人がいる。(中略) そのようなものには実態がない。(中略) 実質のなくなった単位認定権を放棄して、第三者機関による統一を導入することを提案したい。科目ごとに修得すべき知識の範囲を定義し、それに基づいた共通の教科書を作り、それを基準とした資格認定試験を実施し、その成績に応じて資格を与える」(潮木 2006、216頁) ことを提案する、という意見を述べています。

　日本が実際に、こうした方向で大学教育の内容や到達水準を標準化していくのか、それぞれの大学や学部・学科が教育目標を明確化のうえ可視化し、目標達成に必要な教育内容や教育方法を組織的に設定し、4年間を1サイクルに適当な時期に、学修成果とその背景を理解するための情報を集積し、総括的評価をしていくのか、あるいは両者を組み合わせるのか。いずれにせよ、教学マネジメントを機能させ、前述のセント・オラフ大学のように、自らの到達目標と評価の位相に合わせた、eポートフォリオやルーブリックのような定性的尺度と、外部試験も含めた定量的評価尺度を組み合わせ、計画的かつ一定サイクルで繰り返し、評価をし続け、漸進的に効果を高めていくことが求められています。

　日本の大学教育は今後、ここに述べたいずれかの方向で質保証を実現していくことが必要であるといえるでしょう。どのように育成していくのかは、個々の大学の課題であると同時に、日本の大学全体が抱えている課題でもあります。

大学教育の質保証を担う大学教員の教育能力の質保証

佐藤浩章
Sato Hiroaki
大阪大学 准教授、教育学習支援センター 副センター長

KEY WORD

大学教育の質／大学教員／FD

1 大学教員の教育能力の質保証問題

　大学教育の質保証を考える上で、あまり注目されてこなかった問題があります。それは、大学教育の質保証の中心的な担い手である大学教員の教育能力の質保証問題です。以下では、大学教員の教育能力は法令上どのように規定されているのか、各大学ではそれをどのように規定し、どのような能力開発の取り組みが行われているのかについてまとめた上で、今後の課題をあげます。

　まず、大学教員の数を見てみましょう。文部科学省の『学校基本調査』によれば2014年の日本の大学教員数（本務数）は18万882人です。小学校教員、中学校教員、高等学校教員に次ぐ四番目の教員数であり、幼稚園教員よりも多くなっています。少子化が続き、1990年代以降初等・中等教育機関の教員数が減少しつつある中、戦後一貫して右肩上がりでその数字を増やしているのが大学教員なのです（図1）。

図 1　本務教員数の推移
（文部科学省『学校基本調査』（各年度）からグラフ化）

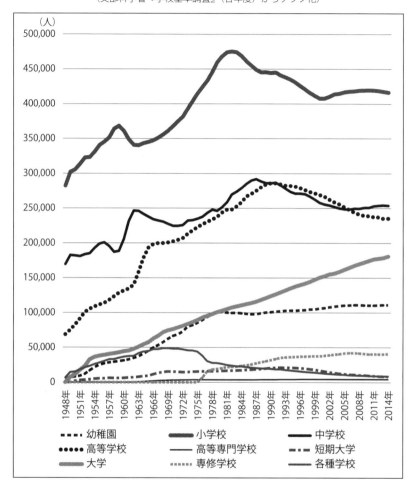

　次に、大学教員は採用される前にどのような状況にあったのかを見てみましょう。「学校教員統計調査」（文部科学省 2012、同 2014）によれば、2013 年度の新規大学教員採用者数 1 万 1441 名の内、最も多いのは「臨床医等」28.4％、次に「研究所等の研究員」10.4％、「学部新規卒業者・大学院修了者」8.9％、「民間企業」8.4％が続きます（図 2）。

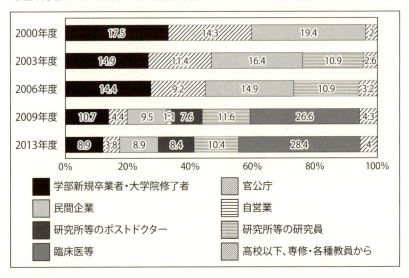

図2 採用前の状況別採用教員数（大学）
（文部科学省、2012：31 表37 に、文部科学省、2014：11 表30 の値を加えたものをグラフ化）

　つまり、多くの者は「学部新規卒業者・大学院修了者」以外の別の職業から転職して、大学教員の職に就いている、いわゆる「社会人教員」です。大学のカリキュラムが実践的なものになるにつれてこうした社会人教員は増えつつあります。彼ら／彼女らに対しては、「一般的に考えるならば、大学の外で社会人として活躍してきた人材は、その時点では教育については、『アマチュア』とみるべきであろう」（松野 2010：143）と指摘されています。この点を踏まえて「社会人型の教員を採用する大学や大学院もまた、社会人型の教員に教育法を学ぶ機会を用意したり、教育者としての訓練ができる機会を用意するべきであろう」（松野 2010：144）という提起もされています。
　しかしながら、この提起は、採用前の状況が何であったかを問わず、大学に採用された全教員になされるべきものです。初等・中等教育機関の教員に必要とされている教員免許状は、大学の教員には必要とされていません。「大学教員は教育職であるにも関わらず、大学教員の養成機関

である大学院で教育の専門職としての訓練もうけず、大学教授職にかかわる専門知識も技術もなしに、いきなり大学教育の現場に立たされ」（喜多村1999：125）ているのが実態です。

　大学への進学率が上昇し、大学生は大衆化したと言われますが、量的にも質的にも大衆化が進んでいるのは大学教員も同様です。高等教育の大衆化は、学生と教員のダブルで進行しているとも言えます。大学教育の質保証について議論するためには、その主要な担い手である大学教員の教育能力の質保証のあり方を議論することを避けて通ることはできないのです。

2 大学教員の教育能力に関する規定

　さて、法令上では、大学教員の教育能力はどのように規定されているのでしょうか。大学設置基準では「大学教授の資格」について次のように規定されています。

> **（大学教授の資格）第十四条　教授となることのできる者は、次の各号のいずれかに該当し、かつ、大学における教育を担当するにふさわしい教育上の能力を有すると認められる者とする。**

　ここで言う「大学における教育を担当するにふさわしい教育上の能力」とは何であるのかはこれ以上具体的に定められてはいません。このように規定の抽象度が高いがために、各大学には具体的な能力規定の裁量が認められています。しかしながら、「研究上の能力」は研究論文数や学会発表数に具体化されることが多い一方で、「教育上の能力」は可視化しにくく適正に評価するのが困難であるため厳密に規定されていないのが一般的です。

3 各大学における教育能力の規定

では、各大学ではどのように教育能力を規定しているのでしょうか。いくつかの大学の事例をみてみましょう。

(1)「基本的教育力の基準枠組み」新潟大学

新潟大学では学内の教員団が「基本的教育力の基準枠組み」を作成しています（表1　加藤2010）。ここでは大きく4つの能力が規定されており、それらはさらに「科目・授業レベル」「課程プログラムレベル」に下位区分されています。全学レベルで規定されたものであるため、汎用的な内容となっています。

〈4つの能力〉
① 大学、学部等の教育理念、目標、および社会のニーズ等に照らした教育プロセスの設計を行う
② 学生の学習を促進する授業の実践および運営（指導・支援・成績評価・フィードバック・成績評価・学習環境づくり）を行う
③ 学生の学習や教職員間の学習を尊重したコミュニケーションを行う
④ 大学教育の専門職業人（プロフェッショナル）として教育改善・自己開発を行う

表1　新潟大学（「基本的教育力の基準枠組み」）※一部抜粋

能力	科目レベル、授業レベル	課程プログラムレベル
I. 大学、学部等の教育理念、目標、および社会のニーズ等に照らした教育プロセスの設計を行う。	・専門分野の教育内容についての知識、科目や授業の設計のための基礎知識、および受講する学生の学習状況に関する基本情報をもつ。 ・大学や学部等の教育理念のもと、自ら信念をもって科目や授業の設計を行う。	・専門分野の教育水準や全体構造、課程プログラム設計のための基礎知識、社会の大学教育へのニーズに関わる基本情報をもつ。 ・大学の教育理念や目標、社会の教育へのニーズや学生の実態を考慮した課程プログラムの設計に参画する。

(2)「FDマップ」自治医科大学

　自治医科大学の看護学部では「FDマップ」を作成しています。これは国立教育政策研究所の作成した「FDマップ」(国立教育政策研究所 2009)を参照しながら、「大学教員としての基本的教育力の明示と職能開発の可視化」を目的に策定されたものです(表2　自治医科大学 2012)。

　FDマップ全体は、教育・研究・業務管理・社会貢献の4つの領域について規定されています。それぞれの領域において、①導入(気づく・わかる)、②基本(実践できる)、③応用(開発・報告できる)、④支援(教えられる)というレベルが設定されており、このレベルは助教、講師、准教授、教授という職位にも対応しています。例えば、基本レベルの教育能力は講師に求められるものであり、下記のように規定されています。看護領域の専門性を反映した能力規定となっています。

表2　自治医科大学看護学部(「FDマップ：教育：基本レベル」) ※一部抜粋

I．カリキュラムを理解した授業(講義、演習)の運営ができる
①使用機器を含む授業の準備・調整ができる
②学部教育におけるより良い学習環境づくりのための提案ができる(技術教育環境、ITを活用した教育環境等)
③時代の状況を反映した授業科目を提案することができる(海外で活躍できる看護職の育成、医療安全、災害看護等)
④臨床教授等と協働し、効果的な授業を展開できる
⑤他の科目との関連性を考慮しながら、一つの科目を継続的に教える方法を検討することができる
⑥少人数制教育に近づける工夫をし、学生のニーズに沿った授業を展開できる
⑦学習目標の到達度を高めるために授業方法を工夫することができる
⑧自分の教授上の問題を見極めて目標を立案し、授業方法を改善することができる

4 大学教員の能力開発の根拠規定

　ところで、日本において、大学教員の能力開発は、ファカルティ・ディベロップメント(Faculty Development：FD)と呼ばれています。大学設置基準第25条3項にはFDの根拠とされる以下の規定があります。

大学設置基準
(教育内容等の改善のための組織的な研修等) 第二十五条の三　大学は、当該大学の授業の内容及び方法の改善を図るための組織的な研修及び研究を実施するものとする。

これは通称「FDの義務化」の根拠規定とされています。これは教員の「授業の内容及び方法」に関する能力の開発を「大学」が実施することを定めたものです。この規定については教員の能力を授業実施能力に狭く限定し過ぎているという批判がなされています(有本2010、寺﨑2008)。より広範な能力開発の必要性について、教員本人の自己啓発とあわせて定めたものに、教育基本法があります。

教育基本法
第九条　法律に定める学校の教員は、自己の崇高な使命を深く自覚し、絶えず研究と修養に励み、その職責の遂行に努めなければならない。
2　前項の教員については、その使命と職責の重要性にかんがみ、その身分は尊重され、待遇の適正が期せられるとともに、養成と研修の充実が図られなければならない。

また、その能力開発の意義と実施主体について、より具体的に定めたものとして、職業能力開発促進法があります。

職業能力開発促進法
(職業能力開発促進の基本理念) 第三条　労働者がその職業生活の全期間を通じてその有する能力を有効に発揮できるようにすることが、職業の安定及び労働者の地位の向上のために不可欠であるとともに、経済及び社会の発展の基礎をなすものであることにかんがみ、この

法律の規定による職業能力の開発及び向上の促進は、産業構造の変化、技術の進歩その他の経済的環境の変化による業務の内容の変化に対する労働者の適応性を増大させ、及び転職に当たつての円滑な再就職に資するよう、労働者の職業生活設計に配慮しつつ、その職業生活の全期間を通じて段階的かつ体系的に行われることを基本理念とする。

第三条の二　労働者の自発的な職業能力の開発及び向上の促進は、前条の基本理念に従い、職業生活設計に即して、必要な職業訓練及び職業に関する教育訓練を受ける機会が確保され、並びに必要な実務の経験がなされ、並びにこれらにより習得された職業に必要な技能及びこれに関する知識の適正な評価を行うことによつて図られなければならない。

（関係者の責務）第四条　事業主は、その雇用する労働者に対し、必要な職業訓練を行うとともに、その労働者が自ら職業に関する教育訓練又は職業能力検定を受ける機会を確保するために必要な援助その他その労働者が職業生活設計に即して自発的な職業能力の開発及び向上を図ることを容易にするために必要な援助を行うこと等によりその労働者に係る職業能力の開発及び向上の促進に努めなければならない。

　これによれば、FDは大学教員の「業務の内容の変化に対する…適応性を増大させ」るために実施されるものであり、それは大学教員の「職業生活の全期間を通じて段階的かつ体系的に行われること」が基本理念であると解釈できます。
　また、授業を教える能力のみならず業務全般に必要な職業訓練を受ける機会ならびに実務経験の機会が確保され、これらにより習得された職

業に必要な技能や知識が適正に評価される必要があります。そして、こうした能力開発の機会の提供ならびに適正な評価は「事業主」、つまり大学管理者の責務とされています。

5 各大学における能力開発の取り組み

2012年に、中央教育審議会は、「体系的FDの受講と大学設置基準第14条（教授の資格）に定める『大学における教育を担当するにふさわしい教育上の能力』の関係の整理について検討を行う」ことを文部科学大臣に答申しました（中央教育審議会 2012：23）。これを受けて、第2期教育振興基本計画では同内容が閣議決定されています（文部科学省 2013：46）。

FDに取り組んでいる大学は数多くありますが（文部科学省高等教育局 2013）、教育上の能力を明確に規定した上で、それを育成するための体系的な能力開発ならびに評価まで取り組んでいる大学は多くはありません。以下では数少ないその事例をみてみましょう。

（1）「実践的FDプログラム」立命館大学

2009年度から新規採用された専任教員歴3年未満の教員を主要な対象者として、「実践的FDプログラム」を実施しています（表3　井上ら2010）。ここではプログラムを通して保証する教授・学習支援能力が、6つの項目毎（①学習活動の設計、②教授および学習活動の展開、③授業の質の保証、④効果的な学習環境および学習支援環境の開発、⑤自己の専門性の継続的な発展、⑥大学に特有の必要とされる力）に定められています。

表3　立命館大学（「実践的FDプログラム」教育）※一部抜粋

	1. 学習活動の設計	2. 教授および学習活動の展開	3. 授業の質の保証	4. 効果的な学習環境および学習支援環境の開発	5. 自己の専門性の継続的な発展	6. 大学に特有の必要とされる能力
オンデマンド	・授業設計論 I～II	・教授学習理論 I～III ・教育方法論 I～IV ・心理学 I～III	・教育評価論 I～III ・教育方法論 IV～V	・心理学IV	・高等教育論 I～VII	・立命館学 I～IV
ワークショップ	・授業設計論演習 I～III	・教授学習理論演習 I～II ・教育方法論演習 II～III ・心理学演習 I～III	・教育評価論演習 I～II			

　このプログラムでは、教育・研究・社会貢献・管理運営の4つの大学教員の活動について、オンデマンド講義（eラーニング）やワークショップ形式の複数の講座が配置されています。総時間数は75時間のプログラムとなっています（修了は40時間で可能）。受講は任意であり、2013年12月段階では、2009年度からのプログラム修了者数は累計37名、必須科目の修了率は2009年度39.5％、2010年度34.8％、2011年度20.0％でした（沖2013）。

（2）「テニュア・トラック制度」愛媛大学

　愛媛大学は、2013年度よりテニュア・トラック制度を導入しました（次頁の表4　愛媛大学2014）。この制度は、新規採用の若手教員等をテニュア・トラック（終身雇用権なしの5年任期雇用）に置き、その雇用期間中に体系的なプログラムのもとで業務全般（教育、研究、マネジメント）に関わる能力開発と財政的支援を行い、教育者・研究者としての自立を促進することを目的としています。対象者にはテニュア・トラック期間の最初の3年間で合計100時間のプログラムの受講が義務づけられています。

　各部局は、テニュア・トラック期間中に中間審査と最終審査を実施し、

中間審査または最終審査に合格した者をテニュア職（終身雇用権あり）に移行させます。

表4　愛媛大学（研修科目一覧）
※教育能力開発プログラムのみ。カッコ内は受講時間数。

必修（50）	選択（16）
授業デザインワークショップ（18）	大人数講義法の基本（2）
授業コンサルテーション（4）	学習評価の基本（2）
授業参観（6）	効果的なグループワークの進め方（2）
同僚による授業参観（4）	動機を高め記憶に残る講義法（4）
メンターによる授業参観（4）	eラーニング入門（2）
ティーチング・ポートフォリオ作成ワークショップ（18）	英語による授業（4）
	障がい学生支援（2）

6 大学教員の教育能力の質保証の課題

　大学教員の教育能力の質保証を進める上での課題は3つあります。

　第一に、どのような能力を保証するのかという「内容」に関する課題です。教育能力といっても、講義、実習・実験指導、論文指導、研究室マネジメントなど、様々な能力が必要とされます。また昨今は学業に関わる教育力のみならず、キャリア支援やメンタルケアなどの教育力も期待されることも多くなりました。業務に必要な能力であれば、大学管理者はその能力開発を実施する責務がありますが、果たしてどこまでの能力を育成すべきなのか、そして育成できるのかについては検討する余地が多くあります。

　第二に、いつ能力開発を行うのかという「時期」に関する課題です。能力開発は「段階的にかつ体系的に」行われるべきものです。日本はこれまであまり対象者を絞らずに、初任者からベテランまであらゆる層の教員を対象にFDを実施してきました。一方、ヨーロッパの国々の中には、仮雇用時の最初の3年間に集中的に研修を提供しているところがあります。アメリカでは、大学教員になる前の大学院生を対象にして提供される、

PFFP（Preparing Future Faculty Program）と呼ばれる研修も広がりつつあります。どの時期に初期教育を提供し、その後どのようなタイミングで継続教育を実施していくのかについては効果検証の成果に基づいた議論を経て結論を出すべきでしょう。

　第三に、誰が能力開発を行うのかという「担い手」の課題です。日本では自大学の常勤の教職員をFDの専門家として活用している大学は190大学（全体の24.8％）であり、約半数の大学は外部の専門家を必要に応じて活用しています（411大学：全体の53.6％）（文部科学省高等教育局 2014）。継続的に質の高い能力開発を行うには、専任のFD担当者（ファカルティ・ディベロッパー）を雇用することが望ましいでしょう。彼ら・彼女らをどのように確保し、どのように育成し、どのように配置していくのかは、個々の大学の課題であると同時に、日本の大学全体が抱えている課題でもあります。

参考文献
- 有本章（2010）「日本型FDの陥穽―教員と学生の距離との関係」比治山大学高等教育研究所『比治山高等教育研究』3、3-23。
- 中央教育審議会（2012）「新たな未来を築くための大学教育の質的転換に向けて‐生涯学び続け、主体的に考える力を育成する大学へ‐（答申）」。
- 愛媛大学（2014）『愛媛大学テニュア・トラック制度ガイドブック2013』愛媛大学テニュア・トラック実施本部。
- 井上史子・沖裕貴・林徳治（2010）「実践的FDプログラムの開発―大学教員の教授・学習支援能力の提案―」『教育情報研究』第26巻第1号、17-26。
- 加藤かおり（2010）「大学教員の教育力向上のための基準枠組み」『国立教育政策研究所紀要』第139集、37-48。
- 喜多村和之（1999）『現代の大学・高等教育―教育の制度と機能』玉川大学出版部。
- 国立教育政策研究所 FDer研究会編（2009）『大学・短大でFDに携わる人のためのFDマップと利用ガイドライン』。
- 自治医科大学看護学部FD評価・実施委員会（2012）『平成23年度　授業研究会報告書』。
- 松野弘（2010）『大学教授の資格』NTT出版株式会社。
- 文部科学省（各年度）「学校基本調査」。
- 文部科学省（2012）「平成22年度　学校教員統計調査」。
- 文部科学省（2013）「第2期教育振興基本計画（本文）」。
- 文部科学省（2014）「平成25年度　学校教員統計調査（中間報告）」。
- 文部科学省高等教育局大学振興課大学改革推進室（2014）「大学における教育内容等の改革状況について」。
- 沖裕貴（2013）「立命館大学における大学教育準備プログラムと新任教員対象実践的FDプログラムの現状と課題」（愛媛大学国際シンポジウム「大学教育の質保証と大学教員のプロフェッショナル・ディベロップメント」配布資料）。
- 寺﨑昌男（2008）「FD試論―その理解と課題をめぐって」『IDE現代の高等教育』503、4-9。

職員が大学の質保証に
どのように関わるべきか？

船戸高樹
Funato Takaki
山梨学院大学 学習・教育開発センター 顧問

KEY WORD
ラーニング・アウトカム／ミッション／プロフェッショナル

1 はじめに

　近年、「大学教育の質保証」に関する議論が社会的に高まっています。
　この問題の根源は、高等教育の大衆化に起因しています。経済が発展し、国民所得が増加すると家計の学費負担能力が高まり、高等教育への進学率が上昇します。高等教育の発展段階では、国民一人当たりGDPの上昇率と高等教育への進学率の間に相関関係が認められることが、それを示しています。さらに、大学の定員と進学希望者の需給バランスが変化し、大学側優位の「売り手市場」から、学生集団優位の「買い手市場」になれば、この率はさらに高まることになります。
　一方、大学への進学率が上昇すればするほど、総体的に大学生の学力的な質は低下します。「エリート型」（大学進学率が15％以下）から「マス型」（同15％〜50％）へ、さらに「ユニバーサル型」（同50％以上）へと変化する過程で避けて通れない課題であります。特に、わが国のように急激に18才人口のマーケットが縮小し、一方で入学定員が減少していない状況

では、その傾向は顕著であるといえましょう。

　日本私学振興・共済事業団の調べによれば、14年度に定員割れをした私立大学は全体の45.8％にあたる265大学、また短期大学は同じく64.7％にあたる207短大となっています。

　いずれも前年を上回っており、さらに深刻なことは定員割れ率が前年よりさらに悪化した大学・短大が大幅に増加していることであります。まさに多くの大学・短大が危機的な状況に直面しているといえましょう。このため、大学間の学生獲得競争は激化の一途をたどり、選抜という意味での入試が成立しない大学が増えています。このことは、基礎学力が十分でなく、また大学への進学動機が曖昧な学生集団をも受け入れざるを得ない状況を生んでいます。学費収入への依存度が高い私立大学にとっては、やむをえない選択といえましょう。

　ところが、このような学生集団の質の多様化が進んでいるにもかかわらず、大学側が変化に対応した教育システムの構築を怠ってきたことが、今日の事態を招いた最大の原因といえます。市場に志願者が溢れていた時代は、（良い悪いは別にして）偏差値による輪切りの選抜が機能し、大学側は一定レベルの均質な学生を確保することが可能でした。しかし、全入時代を迎えると、当然ではありますが入学者の学力レベルや学習意欲の格差が拡大することになります。もちろん、大学側も手をこまねいてきたわけではありません。基礎学力を補完するための初年次教育や早い段階でのキャリア教育などに力を入れている大学も多く見られます。ただ、いずれもスポットの教育として取り組まれており、一般教育や専門教育を含めた大学全体の教育プログラムの一環として構築されていないため、その効果は限定的です。

　このような社会環境の変化を背景にして「大学教育の質」が社会的にクローズアップされているわけですが、それでは、今後わが国の高等教育機関は組織としてどのようにしてこの課題に取り組まなければならないのでしょうか。理事会のリーダーシップ、教員の意識改革に加えて、実は職員

にも大きな役割が求められているのです。

2 「大学教育の質」とは…

　「大学生の質の低下」、あるいは「大学教育の質」と抽象的に論じられている"質"とはいったいどのような基準を指すのでしょうか。「低下した」という以上、何らかの水準が存在するはずです。多分、「質の低下」という言葉の前には、（昔に比べて…）という言葉が隠されているのでしょう。
　学力的な面から見れば、進学率が上昇し、大衆化が進展すれば当然のことです。18歳人口がピーク時に比べ40％も減少している一方で、大学の定員が変わらなければ入学のハードルは低くなります。したがって、進学率が50％を超える今日、20％〜30％の時代と同じ学力を担保しようとすれば、18歳人口の減少比率に合わせて大学全体の定員を40％減少する以外にありません。
　しかし、これは大学教育の大衆化、ユニバーサル化に逆行するものです。一握りのエリートを養成するのでなく、「いつでも、どこでも、誰でも」多くの人たちが高等教育にアクセスできる時代の到来は、結果として国民全体の知識レベルを押し上げ、ひいては経済成長を促すことになるわけで、喜ぶべき現象ととらえるべきでしょう。少なくとも、「学力だけが、人間の価値を決めるわけではない」ということを認識する必要があります。
　また、「質の低下」を社会性の面から指摘する声もあります。主として、日本経団連等の産業界から多く寄せられています。具体的には、社会人に求められるコミュニケーション能力や協調性、忍耐力、創造性といった能力を指しているもので、文科省や経産省が提唱している学士力や社会人基礎力、人間力、社会力といわれているものです。
　もっとも、「最近の大学生は…」とか「今どきの若いモンは…」といった、いわゆる「若者論議」はいつの時代にも存在しました。ローマの遺跡から「最近の若者は、大人の言うことを聞かない」という落書きが見つかった、

といわれていることからも、世代間の確執は昔も今も変わりません。その意味からいえば、近年の大学生の社会性が以前に比べ極端に低下しているとは思われません。本来このような資質は、家庭教育や社会生活の中で醸成されるものです。しかし、家庭やコミュニティを取り巻く環境が大きく変化し、人間的な触れ合いが希薄な社会となっています。5歳児がタブレット端末で遊び、小学生になればスマートフォンで情報をやり取りする時代です。人と人との対面的な関係中心の世代から、情報機器を介した「端末世代」が誕生したのです。

歴史を振り返ってみても、科学技術の進展はそれまでの文化を根底から覆すようなインパクトを持っています。家電製品の登場は、家庭生活を一変させ、車社会になると時間と距離の観念を新たなものにしました。また、パソコンの登場は企業活動に大きな変革をもたらしたばかりでなく、市民生活の中で重要なツールとなっています。

しかし、新たな文化の創造は、必ず社会の中でひずみをもたらします。指摘されている大学生の社会性も、このようなひずみの一つといえるでしょう。ただ、これらのひずみは、いずれ一定の方向に収斂され、新たな常識となって定着することは歴史が証明しています。

このように、社会環境が大きく変化しているということは、わが国の高等教育が新たなステージを迎えたということに他なりません。時代が変わり、社会が変化すれば大学にも新しいものが求められているのです。つまり、マーケットは「常に変化し、立ち止まらない」のです。これに対し、保守的で変化を嫌う体質の強い大学の歩みは遅く、マーケットとの距離は開く一方です。

あらゆる組織、業種、製品には「勃興期→発展期→成熟期→衰退期」というライフサイクルがあります。民間企業では、衰退期に入る前に新たな分野に進出するか、または新たな製品の開発に着手して、生き残りを図っています。ところが、わが国の高等教育機関は衰退期を目前にして、いまだ方向性を見出せていないように見えるのです。その最大の理由は、旧来

の高等教育のイメージに固執して、そこから抜け出せないでいるからだと思います。マーケットが多様化すれば、大学もまた多様化しなければならないのです。

　高度な教育と研究に取り組んで「世界のトップ100」を目指す大学があってもいいでしょう。地域に密着し、地場産業の担い手を養成する大学があってもいいでしょう。教養教育に特化して、免許や資格取得を目指す大学があってもいいのです。大切なことは、それぞれの大学が建学の理念を受けた存在意義を再確認し、社会の中で果たす役割を明確に打ち出すことだと思います。このように考えると、「大学教育の質」は固定した一つの概念でなく、極論すれば大学の数だけあるといえましょう。

　もっとも、このような大学の個性化の必要性については平成17年に出された中教審答申「我が国の高等教育の将来像」（いわゆる将来像答申）に盛り込まれていました。もう、10年も前の話です。にもかかわらず、大学は答申の意義を理解することなく、いたずらに時間だけを浪費してきました。18歳人口のマーケットは、今後ますます減少していきます。経営が立ちいかなくなる大学が出現することは避けられないでしょう。大学が、「適者生存、優勝劣敗」の時代を生き抜くために求められているのは、「教育の質保証」を確立する以外にありません。具体的にいえば学生の学修成果（ラーニング・アウトカム）の構築にかかっているのです。

3 ラーニング・アウトカム確立の重要性

　ラーニング・アウトカム（Student Learning Outcomes ＝学生の学修成果）に限らず、現在の高等教育界を混乱させている要因の一つにカタカナ語やローマ字略語の氾濫があります。

　「アクティブ・ラーニング」「カリキュラム・マップ」「ラーニング・コモンズ」「ルーブリック」「ティーチング・ポートフォリオ」「サービス・ラーニング」「GPA」「IR」…など、数え上げればきりがありません。米国の大学が取り組んでいるこれらの言葉には、それぞれ明確な意義と目的があり、高等教育を取り巻く環境の変化の中で生まれてきた必然性があります。そして、最も重要なポイントは、それぞれの言葉は独立したものでなく、互いに結び付き、あるいは関連しあって最終的にラーニング・アウトカムを構成する要素として機能していることです。つまり、「アクティブ・ラーニング」も「カリキュラム・マップ」もラーニング・アウトカムを構成するパーツだということなのです。

　ところが、わが国では答申などで次々と打ち出される、これらの言葉の持つ本質や意義、背景を充分理解しないまま、多くの大学が一つひとつの言葉にとらわれ、形だけ取り入れようと右往左往しているように見えてなりません。まさに「木を見て、森を見ず」の状況です。

　例えば、車は多くの部品で作られています。エンジンがあり、車輪があり、ハンドルがあります。それらの部品を設計図通りに組み立てて、1台の車が完成します。これを今、大学が直面する課題に当てはめてみると、カタカナ語やローマ字略語は車の部品に相当し、出来上がった車が、ラーニング・アウトカムということになります。したがって、相互の関連性を無視して一つひとつの言葉（部品）だけを、いくら熱心に取り組んだとしても、肝心の教育目標という全体像（設計図）が確立していなければ、ラーニング・アウトカム（車の完成品）にはたどり着けないということになります。

今日、大学に求められているのは建学の理念を受け、どのような人材を養成するかという教育目標を定めることでしょう。その上で、計測可能で具体的なラーニング・アウトカムを設定し、それを達成するための手段として「アクティブ・ラーニング」や「カリキュラム・マップ」などに取り組むべきだと思います。ただ、ひと口に大学といっても歴史や伝統、構成学部、地域性などが異なりますから、多様なラーニング・アウトカムが生まれることになるのは当然です。車の例でいえば、乗用車メーカーもあれば、トラックのメーカーもある、あるいは軽自動車に特化したメーカーもあります。大学もこれと同じで、すべての大学が高級乗用車造りを目指す必要はないのです。

　つまり、ラーニング・アウトカムが一つならば、大学は一つあればいいということになります。多様な大学が存在するということは、それぞれの大学が個性のある、また他大学との差別化を図ったラーニング・アウトカムを開発する必要があるということに他なりません。この考えを前提とすると、大学は独自のラーニング・アウトカムを達成する手段として数多いカタカナ語やローマ字略語を吟味し、取捨選択して取り組めばいいということになります。その結果、一つひとつの言葉の導入に濃淡が出るのは当然で、すべての大学が同じように取り組む必要はないのです。

　もっとも、いま述べてきたような混乱を生み出した原因の一つに、文科省の補助金政策が挙げられます。「私立大学等改革総合支援事業」は、「私立大学等が組織的・体系的に取り組む大学改革の基盤充実を図るため、経常費等を重点的に支援する」制度です。一向に進展しない大学改革にしびれを切らした文科省が、財政的な支援をすることによって改革の実を挙げようとする試みともいえます。営利であれ、非営利であれ、どのような組織も改革を進めるためには「時間とお金」がかかります。その意味では、財政的に苦境に立っている大学にとって、まことに時宜を得た政策といえましょう。

　支援事業の内容は、「大学教育質転換型」「地域特色型」「多様な連携型」

の三つのタイプに分けられ、それぞれ調査票を基に回答を点数化して選定する仕組みとなっています。調査票の質問項目を見ると、例えば「大学教育質転換型」では、「学内にIR担当部署の設置及び専任の教職員の配置」とか、「教育の質的転換に関するSDの実施」「アクティブ・ラーニングによる授業の実施」「GPA制度の導入、活用」「学生の学修成果の把握」などがあります。

　この質問票で違和感を持つのは「学生の学修成果の把握」が、IR（Institutional Research）やGPA（Grade Point Average）、アクティブ・ラーニングと同列に取り上げられていることです。というのは、学修成果（ラーニング・アウトカム）の把握は「目的」であり、それを達成するための「手段」がIRやアクティブ・ラーニングであります。そのように考えると「手段」と「目的」が混在した、わかりにくいものになっているからです。したがって、この個別に回答を求める手法が、大学側にとって一つひとつのカタカナ語やローマ字略語にとらわれ、混乱をきたしているように思えてなりません。さらに、すべての大学に同じような取り組みを求めるこの手法は、「大学を一つの枠にはめる」ことにもなりかねず、これまで求められてきた「大学の機能分化」や「多様化」「個性化」に逆行しないかと心配するのです。

　いずれにしても、大学側は、これらの設問に対して「実施」「一部実施」「未実施」のいずれかを回答し、それを点数化して補助が決まる仕組みです。もちろん多くの大学は支援事業の趣旨を理解して、申請していると思われますが、中には補助金目当てに形だけを取り繕って、点数稼ぎをしているところがないとも限りません。仮に、このような大学が選定され、交付を受けていたとすれば、それは税金の無駄遣いであり、納税者に対する裏切り行為ともいえましょう。このような事態を避ける意味からも、政策当局には「補助事業のアウトカム」を明らかにし、補助金の成果を具体的に検証するシステムを打ち出してもらいたいと強く思います。

4 ラーニング・アウトカムとは？

それでは、ここでもう一度「ラーニング・アウトカム」について考えて見ましょう。

わが国におけるラーニング・アウトカムの定義は、将来像答申の用語集によると以下のように説明されています。

> 【学修成果（ラーニング・アウトカム）】
> 「学修成果」は、プログラムやコースなど、一定の学習期間終了時に、学習者が知り、理解し、行い、実演できることを期待される内容を言明したもの。「学修成果」は、多くの場合、学習者が獲得すべき知識、スキル、態度などとして示される。またそれぞれの学修成果は、具体的で、一定の期間内で達成可能であり、学習者にとって意味のある内容で、測定や評価が可能なものでなければならない。学修成果を中心にして教育プログラムを構築することにより、次のような効果が期待される。
> - 従来の教員中心のアプローチから、学生（学習者）中心のアプローチへと転換できること。
> - 学生にとっては、到達目標が明確で学習への動機付けが高まること。
> - プログラムレベルでの学修成果の達成には、カリキュラム・マップの作成が不可欠となり、そのため教員同士のコミュニケーションと教育への組織的取組が促進されること。
> - 「学修成果」の評価（アセスメント）と結果の公表を通じて、大学のアカウンタビリティが高まること。

これを、素直に読めば、授業（講義）を通じて学生たちが修得する学問的な「知識，スキル，態度」のことを指していると読み取れます。

ところが、米国におけるラーニング・アウトカムの定義は、ちょっと異

なります。UCLAのジョン・プライアー博士は以下のように述べています。「ラーニング・アウトカムは、アカデミックなものだけではない。学生たちが4年間で学ぶ学術的、社会的、人間的な素養を包括した幅広いものである」

つまり、教室で学ぶことだけでなく、学生たちが在学中に経験するインターンシップやボランティア活動、サークルやクラブ活動など教室外活動を含めたあらゆることがラーニング・アウトカムの対象というわけです。もともと、米国の大学は「よき市民を養成する」という目的を掲げ、大学の4年間は社会に出るための準備期間と位置づけています。このため、単に学問だけを修得するのでなく、異文化の理解や社会的な弱者に対する思いやりの心、環境に対する配慮のほか組織における協調性やリーダーシップ、プレゼンテーション能力などバランスの取れた人間形成を重視しています。宗教や文化の異なる移民によって形成されている多民族国家、米国ならではの目的といえるかもしれません。

いずれにしても、ひと口にラーニング・アウトカムといっても、その内容は多岐にわたっているということがお分かりになると思います。各大学は、このような目的を達成するために、それぞれ工夫を凝らして独自のラーニング・アウトカムを掲げているわけです。その中からアメリカのコネチカット大学の取り組みを紹介しましょう。

同大学は、ラーニング・アウトカムを三つのカテゴリーに分けています。

① Curricular（Academic）
　講義を通じて修得する学術的な知識

② Co-curricular（Academic Work）
　インターンシップや学外調査など、教員の指導の下で行う学術的な活動で得る能力

③ Extra- curricular（Not Academic）
　スポーツやサークル、ボランティア活動などを通じて体得する能力やスキル

　それでは、まず、①と②の学術的な面のラーニング・アウトカムについて説明します。
　下の図を見てください。同大学は、ラーニング・アウトカムの基本概念として、"Outcomes Pyramid" という図で説明をしています。これは、学内での教育方針の指示、方策が効率的、統一的に行えるよう、図式化したもので、このピラミッドのイメージは、上から下降するとともに、多様性や複雑化が進むということを示しています。また、学習に関する指示が、最上位の University Mission（建学の精神）から、最底辺である Course Unit（1回ごとの講義）まで、大学教育の根幹となる Mission を受けて構成されるということを示しているわけです。そして、教育においてありがちな、何を教えるか（Objectives）という教員から学生への一方通行の教育という考えではなく、何を学ぶか（Outcomes）についても同等に考え、相互に影響を与え合うものとして扱っています。

〈コネチカット大学のアウトカム・ピラミッド〉

　このピラミッドで示されていることは、ラーニング・アウトカムの基本

がカリキュラムの最小単位である1回ごとの講義の目的とそこで得られる学修成果を明確にすることであり、さらに科目群が密接に関連しあう"科目順次性"を重視している点です。つまり大学が提供するカリキュラム構成が、前後左右のパーツが結びついている「ジグソーパズル」のように関わりあうことを求めているわけです。

一方、わが国では一般教育科目、専門科目を含め明確なアウトカムが示されておらず、したがって科目順次性が薄いため、学生たちは単位を積み上げて卒業要件の124単位の修得を目指すという傾向があります。いわば、端切れをつなぎ合わせた「パッチワーク」方式といえましょう。

また、③の学術面以外のカテゴリーにも、それぞれアウトカムが設定され、指導する教員やスタッフ、またコーチや監督を通じて学生たちが体得するようなシステムになっています。

5 職員組織の役割

ここまで述べてきたように、ラーニング・アウトカムの確立は、わが国の大学が直面する「大学教育の質保証」にとって欠くことのできない、大きな課題です。コネチカット大学の例が示すように、すべての活動の基本は「どのような人材を養成するか」という建学の精神にあります。それを受けて、理事会が改めて建学の精神を踏まえた教育の基本方針を設定し、これに沿った在学生の質に合う具体的な教育課程の策定や学生支援策を教員や職員が担うことになります。その過程で、新たな教授法の開発や評価の手法、学生支援策の見直しなどに取り組むことになり、ここでアクティブ・ラーニングやGPAといったカタカナ語やローマ字略語導入の検討が行なわれることになるでしょう。

つまり、大学構成員全員が同じ目標を持ち、その目標達成のためにそれぞれが役割を果たすことが求められているわけで、ラーニング・アウトカムは決して教員だけが担うものではありません。アメリカのザビエル大学

教授のトーマス・ヘイズ博士は、これについて「学生食堂の従業員も、大学の入り口で警備に当たる人たちも含め、大学関係者すべてが同じ目標を持つことが重要で、これが Institutional DNA（大学の DNA）である」と述べています。

　それでは、職員はどのようにこの課題に取り組むことが求められているのでしょうか。

　まず、第一に「ベテランから、プロフェッショナルへ」の転換です。職員の仕事はどちらかといえば、定型化されたものが多く、経験や体験が重視されてきました。しかし、時代が変化し、大学を取り巻く環境が変化するのに伴って、新たな能力が求められるようになってきました。つまり、過去を重視するベテランから、過去を検証し、現在を理解して、将来への展望を提案するプロフェッショナルな人材です。

　そのためには、高等教育全般に対する幅広い知識が求められます。もちろん、各大学は FD や SD などに取り組んでいますが、さらに高度な知識が必要な時代となっています。幸い、そのような人材育成を目指した大学院もありますし、また学会等も数多くあります。そのような場に、積極的にチャレンジするとともに、大学側も支援する体制を作ることが必要といえましょう。

　二番目は、「環境の変化に敏感になること」でしょう。大学を取り巻く環境は、刻々と変化しています。マーケットの状況や政策の変化、地域経済の実態などをキメ細かく把握することが、従来以上に重要になっています。そのためには、「こうなるであろう」とか「こうなってほしい」といった"期待値"でなく、あくまでも数値に基づいた科学的な裏づけのある"実現値"を提案できるような能力を身につけることが求められます。

　三番目は、「議論から、行動へ」です。大学改革の必要性が叫ばれてから、もう 20 年にもなります。この間、大学はいくつかの取り組みをしてきましたが、いまだに確固たる将来像を見出せていないように見えます。「会して議せず、議して決せず、決して行なわず」と揶揄されるような体質を

脱し、果敢にチャレンジする人材が求められているといえましょう。もう、議論の時期は終わったのです。これからは積極的に行動できる大学だけが、次のステージに進むことを許されるからです。

　ラーニング・アウトカムの確立は、その第一歩となるでしょう。そのためには、職員が多様な能力を身につけ、大学組織全体として取り組むことが求められています。

　それなくして「教育の質保証」はありえないからです。

大学の質と
グローバリゼーション

齊藤貴浩
Saito Takahiro
大阪大学 准教授

KEY WORD

ネットワーク／情報共有／調和

　今、私達の社会は様々な面でグローバル化をしています。私たちの身の回りの製品の多くは海外で作られ、日本企業は海外に進出し、海外旅行に行く人も、来る人も多くいます。社会経済がグローバル化すれば、大学にもグローバル化の波がやってきます。直接的に大学の質がグローバル化の影響を受ける典型例は、留学です。日本の大学の卒業生が海外の大学に入学しようとするときには、日本の大学の質が海外の大学から問われることになりますし、逆もまた然りです。教育の制度は国によって異なり、教育内容も世界標準があるわけではありません。教育制度は、それぞれの国（地域）において、それぞれの社会経済文化の要請に応じて独自に発展してきたのであり、そして、学術的な特質から、国や社会の統制を最も受けにくかったのが大学であると言えるでしょう。

　そのような大学も、これからのグローバル社会に向けて先導的な役割を果たすことが期待されています。第二次安倍政権の教育再生実行会議がとりまとめた「これからの大学教育等の在り方について（第三次提言）（平成25年5月28日）」では、冒頭で「大学のグローバル化の遅れは危

機的状況」にあるとしながらも、「大学は、知の蓄積を基としつつ、未踏の地への挑戦により新たな知を創造し、社会を変革していく中核となっていくことが期待されています。」と表明しています。その最初の項目が、「グローバル化に対応した教育環境づくり」であり、「スーパーグローバル大学（仮称）」の創設と、「今後10年間で世界大学ランキングトップ100に我が国の大学が10校以上入ることを目指す」、「日本人留学生を12万人に倍増し、外国人留学生を30万人に増やす」という数値目標が掲げられています。これらの政策は「日本再興戦略改訂2014－未来への挑戦－（平成26年6月24日）」の中で「大学改革／グローバル化等に対応する人材力の強化」として取り上げられているように、国の政策として大学のグローバル化が強く求められていることがわかります。

　本稿では、最初に政策としても取り上げられた大学ランキングについて簡単に触れることから始めたいと思います。そして、大学の質を国際的に考える際に問題となる国際通用性について、欧州高等教育圏の事例を中心にとらえつつ、わが国の質保証にどのように影響を与えているか紹介したいと思います。

大学ランキング

　大学の国際的な競争を考える際に、最近は大学ランキングを無視することができなくなってきました。日本国内で大学が偏差値によって、また色々な指標（例えば面倒見の良い大学や優良企業への就職率など）によって順位が示されているように、国際的にも大学ランキングが存在します。現在、代表的なものとしてTimes Higher Education、QS、世界大学学術ランキングが挙げられます。

　日本で一番注目されているのは、Times Higher Education（THE）による世界大学ランキングです。国際的な機関によるランキングと思われることも多いですが、高等教育関係による雑誌の企画です。日本再興戦略で国際化の一つの指標として取り上げられているのも、このTHEのラン

キングです。また、QS社による世界大学ランキングもよく知られています。もともとTHEのランキングにデータを提供していたQS社がTHEと袂を分かち、2010年からQSの世界大学ランキングを生成しています。それを機に、日本の大学のTHEのランキングが軒並み下降したことはよく知られており、一方、2009年までのTHEのランキングと、それ以降のQSのランキングはほぼ一貫しています。上海交通大学の世界大学学術ランキング（ARWU）は、世界の中での中国の大学のポジションを把握するために始めたランキングで、これら3つの中で一番歴史があります。どのランキングも、教育、研究、国際などに関する指標を用いているのは共通ですが、THEは学術論文データベースからのデータを、QSは研究者等からの評判を、ARWUはノーベル賞受賞者や有力雑誌の論文などに重きを置いていることが特徴です。

　これら大学ランキングの長所は、わかりやすいことです。しかしその実、何によって、つまりどのような大学の質によってランキングしているのかはあまり気にされません。実際に情報を提供する側の大学も、指標の構成と割合は公表されていますが、詳細な計算方法（例えば、分野や地域の調整など）については公表されておらず、周囲の大学の情報を収集し、推測することしかできません。また、今年は筆者の所属する大学は、QSのランキングは上がったのですが、THEのランキングは下がりました。ランキングによって大学の順位が大きく異なるように、毎年のように変更される指標や計算方法によってもランキングに変動があり、このことが対策を講じようとする大学関係者を悩ませています。

　そのような問題があってもなお、大学ランキングは色々な場面で使われるようになっています。特に情報の少ない他国の大学と関係が生じるとき、例えば、留学生が大学を選ぶときや、大学間協定を結ぶときなどの参考にされます。さらには国家レベルでも、シンガポールのワークホリデー（ワーキングホリデーとは異なり、才能ある若者がシンガポールでの生活・就労を経験することで、将来の経済発展に寄与する人材が出

てくることが目的）のビザには、先進9ヶ国（地域）の大学の学生か卒業生で、その大学がこれら3つのランキングのいずれかで200位に入っていることが条件として課されています[*1]。

結果、利害関係者は大学ランキングが何かを知らないままに大学ランキングの高さが大学の質の高さを表していると盲目的に信じ、そして大学も利害関係者の支持（学生が集まることも含めて）なしには存在し得ず、大学ランキングに問題があると思いつつも付きあわなければならないという状況が生じています。わが国の政策で大学ランキングが政策に組み込まれたということは、確かにそれを参照情報として使用することは可能ですが、わが国の政策がイギリスの雑誌社の方針で左右されるという状況にあることは認識されなければならないでしょう（現実に、THEはこれまでトムソン・ロイターに委託していたデータ収集作業を、データ分析を専門に行うチームの拡充によってTHE内部で行うこととし、さらに論文データベースの会社もエルゼビアに変更することを決定しました）。これにより、日本の大学のランキングは、大学の質の変化を伴うことなく変動することになると予想されます[*2]。

一方で、このような流れに対抗して、U-Multirankという新しい大学評価も生まれています[*3]。これは、EUが出資し、ドイツの高等教育開発センター（Center for Higher Education:CHE）とオランダ・トゥウェンテ大学の高等教育政策研究センター（Center for Higher Education Policy Studies: CHEPS）の主導によって作られたものであり、画一的なランキングは出さずに、教育、研究、国際、知識移転などの活動をそれぞれ評価してレベルに分類し、利害関係者がそれを総合的に比較することのできるシステムです。大学ランキングというよりはむしろ情報公開に近いですが、それでもなお、各区分では評価を行っており、その評価の詳細が明確ではないという問題が残っています。なお、この方法は、我が国の雑誌や新聞社の行う大学ランキング（〇〇に強い大学、大学力調査）などと、ある意味同様の方法であるとも言うことができます。

大学ランキングはわかりやすい大学の質の参照情報として展開されています。しかし、徐々にその限界が理解されるようになり、特に大学と深い関係を作ろうとすればなおさら、より詳細な情報へとアクセスできるようなシステムになりつつあると言えるのではないでしょうか。

欧州高等教育圏と質保証の動き

　国家間での高等教育の質や質保証の調整という視点からは、欧州高等教育圏の設立が活動の大きさとしても、またインパクトとしても特筆すべき事例となっています。欧州では各国が距離的にも社会経済文化的にも近い位置にありながら、国によって高等教育制度が異なり、大学間交流の障害となっていました。1987年に開始された当時のEC（現在のEU）によるエラスムス計画では、学生や教員の交流、共同カリキュラム開発等への助成が行われ、大学間の協力によって欧州の高等教育、さらには経済的な国際競争力の強化が図られました。エラスムス計画は成功を収めますが、その一方で、更なる発展のためには各国間の制度の違いを乗り越える必要が再認識されました。

　ボローニャ・プロセスは、1999年6月に29ヶ国の高等教育関係大臣によって採択されたボローニャ宣言に基づき、2010年までに欧州高等教育圏（European Higher Education Area: EHEA）を確立しようとする動きのことです。ボローニャ・プロセスへの参加国は年とともに増加し、ボローニャ宣言から10年が経過した2010年3月には欧州高等教育圏を開始するために47ヶ国の大臣がブダペスト・ウィーン宣言を採択し、ボローニャ宣言を完遂して欧州高等教育圏を構築・強化するため、さらに活動を継続することを決定しました。

　教育制度が違うことによる問題を解決するには、そもそも共通の教育制度が導入できればいいのですが、それほど簡単に解決するような問題ではありません。各国には各国の利害があります。そのため、ボローニャ宣言の直接的なきっかけとなった1998年のフランス、ドイツ、イタリア、

イギリスの高等教育関係大臣によるソルボンヌ共同宣言でも、欧州高等教育圏を欧州高等教育制度構築の「調和（harmonisation）」と表現しています。欧州各国は共通の制度を導入するのではなく、次に挙げるような質保証の取り組みを徐々に展開し、参加国同士においては各大学で発行される学位や単位が容易に理解でき、比較可能で、互換性が担保される制度を構築しようとしています（吉川 2003、木戸 2005 など）。以下に、そのような取り組みについて紹介したいと思います[*4]。

欧州単位互換累積制度
(European Credit Transfer and Accumulation System: ECTS)

　学修成果を教育プログラムの達成のために求められる学習量（時間）で統一するシステムです。原則として、1年間の学修をおおむね60ECTS単位の学習量として、1ECTS単位は、25～30時間のフルタイム学生の学習量（面接指導、課題読書、自習、試験のプレゼンテーション等を含む）に換算します。各大学は各講義概要に学修成果を記述するとともに、必要とされる学習量を表示することが求められます。また、同等性を担保するために成績評価の分布についても公開することが求められます。

学位証書添付資料（diploma supplement）

　学生が取得した学位・資格の内容について説明をした文章です。学位や資格の名称だけではその内容や質がわからないため、高等教育機関は共通の様式（取得者の情報や学位・資格、当該する教育制度の基本情報、プログラムの内容、成果等）に沿ってこれを作成し、添付します。

欧州高等教育圏資格枠組み
(Framework for Qualifications of the European Higher Education Area: QF-EHEA)

　学部や大学院といった制度も統一されていなかった高等教育の学位・資格について、ECTS単位（学習量）とコンピテンシーによって規定され

た、学士相当、修士相当、博士相当の3つのサイクルを枠組みとして提供するものです。それぞれのサイクルの学位・資格に期待される5つの能力および達成度がコンピテンシーとして文章で提示されており（知識・理解、応用力、判断力、コミュニケーション力、生涯学習能力の5つ）、それによって学位・資格を区分することを可能とします。

　欧州高等教育圏に属する国は、当該国の学位・資格をこの資格枠組みに当てはめ、それぞれの国家資格枠組み（National Qualifications Framework for Higher Education）を制定することが求められており、各国の国家資格枠組みや学位の間の関係性が明確になります。

　また、すべての教育段階を対象とした枠組みには、欧州資格枠組み（European Qualifications Framework for Lifelong Learninig: EQF）があり、EUの行政執行機関である欧州委員会が運用しています。8つのレベルで知識、技能、能力が定められ、高等教育はレベル5〜8が該当します。さらに職業訓練の分野では、ECTSと同様の欧州職業教育単位制度（European Credit system for VET : ECVET）が試行されています。

チューニングプロジェクト

　欧州高等教育圏資格枠組みは教育制度の枠組みを提供するものですが、一方で大学関係者は、学習プログラムのレベルから専門分野ごとにカリキュラムの意義、教育内容、構造、教授・学習方法、評価方法などを具体化し、学習プログラムの（再）設計、開発、実践、評価という「調整（tuning）を行うプロジェクトが進行しています。これにより、各プログラムにおいてプログラムの質が明示されるとともに、プログラムをまたがって、利害関係者が容易な意思決定ができる状況をつくり、また専門分野ごとの参照基準や共通理解が生まれるという効果が期待されます。

　このプロジェクトは欧州委員会の支援の下で、エラスムス計画に関わる複数の大学の教員の自主的な取り組みとして2000年に開始されましたが、ボローニャプロセスの進行の中で、ECTSやQF-EHEAの成立にも

少なからぬ影響を及ぼしています。また、現在は欧州のみならず、世界のあらゆる地域でこのようなチューニングの取り組みが行われています。

本書の質保証の枠組みからはその要素が重要であるため、チューニング・モデルを提示しておきます（ゴンザレス、ワーヘナール (2008) をもとに、簡素化したもの）。

---

1) 基本的条件の充足
1.1) すべての学習プログラム
・利害関係者との協議に基づく学習プログラムの社会的必要性
・学習プログラムに関する学術的な観点からの意義および共通の参照基準の有無
・資源面からの学習プログラムの実施可能性
1.2) 複数の教育機関による国際的学位プログラム
・関係する教育機関の積極的参加と制度面での担保の有無
・学習プログラムの認証に関する関係国の法的な保証の有無
・ECTS に基づく修了年限への合意の有無
2) 学位プロフィールの定義
3) 学習プログラムの目的と、習得すべき学修成果（知識・理解、技能・能力の観点から）の記述
4) 学習プログラムを通じて獲得されるべき一般的、専門分野別コンピテンスの特定
5) 教育内容（取り上げるべき学習テーマ）と構造（モジュールと単位）の具体化
6) 定義された学修成果の達成のための科目や教育活動への具体化
7) 教授・学習アプローチ（方法、技法、様式の種類）、評価方法を決定し、必要な場合は教材の開発
8) 恒常的な質向上のためのカリキュラム評価システムの開発

欧州高等教育圏における質保証の基準とガイドライン
(Standards and Guidelines for Quality Assurance in the European Higher Education Area)

　欧州の質保証機関のネットワークである欧州質保証協会（European Association for Quality Assurance in Higher Education（ENQA））が定めたガイドラインです。高等教育機関による内部質保証、質保証機関による外部質保証、そして質保証機関のあり方についての理念系を示しており、基準や方法等に関する共通理解のもとで質保証が行われるよう配慮されています。

国際的な質保証の枠組みと日本への影響

　欧州のみならず、日本の周辺でも地域の共通枠組みを作ろうという動きがあります。古くはアジア太平洋大学交流機構（University Mobility in Asia and the Pacific: UMAP）が、欧州のエラスムス計画のように、アジア太平洋地域における大学間の学生・教職員の交流促進を目的として1991年に発足し、一時期は日本に事務局が置かれていました。その円滑な実施のため、UMAP単位互換方式（UMAP Credit Transfer Scheme: UCTS）を1993年からプログラムに導入しています。しかし、欧州とは異なり、国家間の違い、大学間の違いが大きいためか、現状では大きな進展はしていません。

　ASEAN諸国では、ASEAN大学ネットワーク（ASEAN University Network）が1995年に設立されています。

　さらに、地域の主導的な大学のネットワークを強化し、人的資源開発の促進を通じて地域の団結と開発を行うことを目的として、教育担当大臣が合意し、そして主要大学の学長が署名する構造となっています。現在、10ヶ国、30大学が加盟をしています。質保証への取り組みとしては、2004年にAUN質保証ガイドラインを、2006年にAUN質保証マニュアルを作成し、その後質保証の促進のためにトレーニングなどが行われています。AUNは奨学金や共同プログラムなどの取り組みでASEAN+3の日本、中国、韓国、また欧州各国と協力をしており、それらの国とのASEANの窓口の役割も担っています。

　質保証機関のネットワークとしては、2003年に設立したアジア太平洋質保証ネットワーク（Asia-Pacific Quality Network: APQN）が活動しています。その目的は、質保証機関の機能の強化、機関間の協力の拡大を通じ、アジア太平洋地域の高等教育の質を高めることとされています。APQNの特徴は、ENQAが欧州高等教育圏の動きとリンクしたのに対し、地理的な近さ以外に明確な共通性を有していないこと、そしてそのカバーする範囲が世界の人口の半分を有する極めて広い範囲となっていることに

あります（齊藤 2010）。大きな枠組みで情報共有をしながら、各国の質保証機関は独自に相互に提携を結んでおり、2008年にはASEAN質保証ネットワーク（ASEAN Quality Assurance Network: AQAN）が設立されるなど、構造が重層化しつつあります。

さらに、日本の地理的関係からは東アジアの動きを忘れてはいけません。2009年の第2回日中韓サミット以降、日中韓の質の保証を伴った大学間交流に関するガイドラインが合意されるなど、緩やかながら新たな動きを見せています（詳細については146頁からの「東アジアにおける高等教育質保証」を参照）。

全世界をカバーする動きとしては、2005年にユネスコ／OECDによる「国境を越えて提供される高等教育の質保証に関するガイドライン」が公表されました。質の高い教育を提供する国際的な枠組みの構築や、消費者としての学生等の保護のために各国の関係者が取り組むべき事項等が策定されています。また、各国で公的に認定された高等教育機関の包括的な情報提供をするために、ユネスコから「高等教育機関に関する情報ポータル」が2008年より公表され、これには高等教育の制度や質保証制度、質保証された高等教育機関のリスト等が提供されています。わが国の大学がこれらのツールを活用し、国際展開をすることが期待されますが、それと同時に、日本の高等教育、日本の大学の質が問われているとも言えます。

プログラムレベルでのわが国への影響

機関レベルではなく、国際的なプログラム別の質保証として広く知られている例として、技術者教育の質保証があります。

日本技術者教育認定機構（JABEE）は、技術者教育の振興と国際的に通用する技術者の育成を目的として1999年に設立され、技術者を育成する教育プログラムが社会の要求水準を満たしているかを独自の基準に基

づいて審査し、認定しています。JABEEは技術者教育認定の国際的枠組みであるワシントン協定等に加盟しており、それらの協定の考え方に準拠した基準で審査をすることにより、国際的な同等性を担保しています。すなわち、JABEEの認定した教育プログラム（大学の学部のプログラム）を卒業したことによって得られた学位は、内容、水準ともに国際的に通用する技術者教育を修得した根拠となり、卒業生の技術者としての国際通用性を担保することになります。

　また、医学教育でも、米国での臨床研修を希望する海外医学部卒業生に許可を出す組織である外国医学部卒業生教育委員会（Educational Commission for Foreign Medical Graduates: ECFMG）より、「2023年以降は、米国医学部認証委員会（Liaison Committee for Medical Education: LCME）や世界医学教育連盟（World Federation for Medical Education: WFME）と同等の基準を用いた認証評価を受けた医学部の教育を受けた卒業生のみが申請できる」（大西 2014）という通達がなされました。すなわち、日本の医学部の卒業生が米国で臨床研修を行うためには、日本の医学部がその基準を満たしていなければならないということになります。現在、この流れを受けて、日本の医学教育の認証評価を行う機関の設立について検討が進められています。

　学位に直結するプログラムレベルでは特に、学修成果の等価性が求められます。特に、単位互換のみならず、学位に直結するプログラムを他大学と共同で提供する場合、相手大学の質が自大学の質と同等であるかという視点は、間違えれば自らの大学の質を低くしてしまうために極めて重要です。わが国では他国の機関との共同学位（ジョイント・ディグリー）は想定されていませんでしたが、2014年11月に中央教育審議会・大学分科会・大学のグローバル化に関するワーキング・グループによって「我が国の大学と外国の大学間におけるジョイント・ディグリー及びダブル・ディグリー等国際共同学位プログラム構築に関するガイドライン[*5]」が提示されました。日本再興戦略において2014年度中に法制度を

整備するとしたとおり、大学設置基準等の改正によって、わが国の法制度上わが国の大学が学位を授与するという条件ながら、連携する外国の大学との連名による学位の授与を認めることとなり、今後の更なる国際連携の展開が期待されます。

まとめ

　グローバルな視点から大学の質について語る場合、その視点の違いに注目せざるを得ません。現在、質保証で大きな影響力を持っているのは欧州です。各国間の教育制度や質の違いという大きな問題を解消しつつあるということが、全世界の高等教育関係者に驚きをもって迎えられていると言えます。彼らの欧州の文脈での質と、わが国の文脈での質と、基本的なコンセプトは同じです。しかし、彼らの求める「質」の方向性は、既に成熟している高等教育機関や国家が、それぞれの特徴や背景を尊重しつつもいかに協力して一つの力となるかという「調和」であるといえます。一方で、わが国の「質」は、自由な競争の中で、自らの望む方向で高めていき、最終的には市場が決定するというもので、結果として多種多様な高等教育機関が、学問分野や内容についても（水平方向の多様性）、またその水準においても（垂直方向の多様性）、乱立している状況を生み出しました。それは意図された帰結ではありますが、調和とはほど遠い状況と言っても過言ではありません。日本学術会議が定める学問分野の参照基準はその中心がどこにあるかを示そうとはしていますが、水平方向の多様性から収斂に向かうことは今のままでは困難です。

　質を保証するために導入された認証評価も、各教育機関の定める方向（理念やミッション）での質の向上と、わが国の法や各認証評価機関の定める最低限の質を保証する機能は有していますが、ECTS や QF-EHEA のような枠組みで学習プログラムの質を共有する状況にはなっていません。例えば米国で臨床研修を受ける要件が一方的に変更されるように、国際

的な共通性の担保が至急の要件となったときに、それに答えることが難しい状況です。特に大学生の学修時間の少なさは中央教育審議会でも指摘されるように、既に国として大学での学修の質の低さを認めているとも言えます。大学によっては、学修時間の確保のために学生経験調査等を用いて海外の大学とのベンチマークを行うなどの取り組みがあるように、わが国の大学教育が周辺国から見られ、等価かどうかが確認されている事実に注目する必要があります。

わが国の大学教育は、どのような資源を用いて、どのような学生（教員）がどのように学習（教育）し、そしてどのような成果を生んでいるのか、他国や他大学と等価である水準に到達していることを示すのはもちろんのこと、同じ言語と文化を持たない人達を説得できる情報を積極的に示していくことが求められています。

*1 http://www.mom.gov.sg/foreign-manpower/passes-visas/work-holiday-programme/before-you-apply/Pages/default.aspx
*2 http://www.elsevier.com/jp/press-releases/2014/20141119
*3 http://www.u-multirank.eu/
*4 ボローニャプロセスなどについては、大学評価・学位授与機構のページにまとめられており、大変参考になります。「国際的な共同脅威気字プログラムの質保証―欧州のガイドライン、共同評価等の取組み」（大学評価・学位授与機構）http://www.niad.ac.jp/n_kokusai/block2/1191501_1952.html
*5 http://www.mext.go.jp/b_menu/shingi/chukyo/chukyo4/houkoku/1353907.htm

参考文献
・木戸裕 (2005)「ヨーロッパの高等教育改革―ボローニャ・プロセスを中心にして―」『リファレンス』、658、国会図書館、pp.74-98。
・吉川裕美子 (2003)「ヨーロッパ統合と高等教育政策―エラスムス・プログラムからボローニャ・プロセスへ―」『学位研究』、17、大学評価・学位授与機構、pp.69-90。
・フリア・ゴンザレス、ローベルト・ワーヘナール (2008) 編著 深堀聰子、竹中亨 (訳) (2012)「欧州教育制度のチューニング：ボローニャ・プロセスへの大学の貢献」、明石書店。
・齊藤貴浩 (2010)「高等教育質保証における国際連携」、第 19 章、早田幸政・諸星裕・青野透編著『高等教育論入門』、ミネルヴァ書房、218-223 頁。
・大西弘高(2014)「医学教育認証評価の現状と展望―東大医学部での状況を含めて」週間医学界新聞、第 3090 号（2014 年 9 月 1 日）。

東アジアにおける高等教育質保証

堀井祐介
Horii Yusuke
金沢大学 教授、大学教育開発・支援センター長

KEY WORD
キャンパスアジア／アジア太平洋質保証ネットワーク／教育部高等教育教学評估中心／学位管理システム／韓国大学教育協議会／大学評価院／財團法人高等教育評鑑中心基金會

1 はじめに

2009年10月の第2回日中韓サミット（北京）において鳩山首相（当時）の提案を受け、2010年4月に第1回日中韓大学間交流・連携推進会議（東京）が開催され、3国によるキャンパスアジア（CAMPUS Asia）の取り組みが始まりました。ここでのCAMPUSとはCollective Action for Mobility Program of University Studentsの略語です。このキャンパスアジア構想において、「大学間における交流プログラムや質保証に関する共通理解」、「単位互換や成績評価などを含む大学間交流プログラムに関する一定のガイドライン取りまとめ」、「パイロットプログラムの早期実施とその支援方策」、「大学評価の共同指標，質保証に関する共通用語集の発行，各国の大学評価に関する情報の共有化，評価活動の相互参加」についての検討から始められました。これらの事項からは、3国の大学間交流を促進させるために質保証、評価活動を重視する姿勢が読み取れます。具体的な検討にあたっては、「大学間交流プログラム・ワーキンググループ（大学間交流WG）」

および「質保証ワーキンググループ（質保証 WG)」の 2 つのワーキンググループを設置することとなりました[*1]。

　2010 年 8 月に開催された質保証 WG では、大学間交流の推進に質保証が不可欠であるとの認識が確認され、質保証についてのガイドラインとりまとめに向けた具体的な作業手順についての合意がなされ、同年 12 月に 3 国により合意された「Guidelines for Exchange and Cooperation among Universities in China, Japan and Korea with Quality Assurance（日中韓の質の保証を伴った大学間交流に関するガイドライン）[*2]」が作成されました。これらの動きに合わせて 2011 年 9 月には「東アジア高等教育質保証国際シンポジウム」が開催され、「東アジアにおける質保証枠組みの在り方」（分科会 C）において日中韓を含む東アジア諸国関係者から質保証に関する積極的な情報提供および意見交換が行われています[*3]。さらに日中韓国の高等教育質保証機関は、アジア太平洋質保証ネットワーク（Asia-Pacific Quality Network, APQN）に加盟し、高等教育質保証に関する情報共有を進めています[*4]。

　このように、世界の高等教育における最重要課題である質保証に関して、東アジアにおいても各国、各機関が個別に、またネットワークを活用し積極的に活動しています。この状況を踏まえ、本稿では、日本における教育質保証活動への示唆となるよう中国、韓国、台湾における高等教育質保証の取り組みについて紹介します。

2 中国における高等教育質保証

　中国では、高等教育を発展させるという国家戦略により拡大してきた結果、2011年には高等教育機関に属する学生数は3167万人と世界一の規模になり、2013年時点では、高等教育機関数2442校、学生数3325万人、大学進学率30%となっています[*5]。中国の高等教育は、大きく学歴教育と非学歴教育に分けられます。学歴教育担当機関は、普通本科高等教育機関（大学、単科大学）、普通専科高等教育機関（高等専科学校、高等職業学校）からなる普通高等教育機関と成人高等教育機関の2つに大別されます。本稿ではこれらのうち、学歴教育担当機関としての普通本科高等教育機関における質保証について扱うこととします。普通本科高等教育機関は1129校あり、在籍学生数は約1350万人（2011年）となっています[*6]。

　このように大規模となっている中国高等教育における質保証枠組みは、国家による厳格な設置基準審査、周期的な教育評価および質のモニタリング、学位管理システムの3つをを柱とし、「高等教育機関本科教育の質および教育改革プロジェクト」、「211工程」、「985工程」と呼ばれる重点大学強化政策などと組み合わされて高等教育質保証体制が構築されています[*7]。

　国家による設置基準審査としては、中華人民共和国高等教育法[*8]（1999年）および教育行政法規としての「普通高等学校設置暫行条例[*9]」（1986年）などにより、設置の理念、教員数、土地・校舎面積などの設置基準等が定められています[*10]。

　周期的な教育評価は、1985年より試行的に実施され、1994年より本格実施となり2002年までの間に254の機関が本科教育評価を受けました。その後2003年に5年を1サイクルとする評価制度を設け、2004年に設立された教育部高等教育教学評估中心（教育部高等教育教学評価センター（HEEC））により、2004年から2008年の間に「普通高等学校本科教学工作水平評估方案[*11]」に則り589の普通本科高等教育機関が評価を受けてい

ます*12。この評価制度第一期においては、①「学校運営指導思想」(「学校の位置づけ」、「学校運営構想」)、②「教員グループ」(「教員グループの数と構成」、「講座担当教員」)、③「教育条件と利用」(「教育の基本の設定実施」、「教育経費」)、④「専攻建設と教育改革」(「専攻」、「課程」、「実践教育」)、⑤「教育管理」(「管理グループ」、「品質管理」)、⑥「学風」(「教師の態度」、「学習の気風」)、⑦「教育効果」(「基本理論と基本技能」、「卒業論文または卒業設計」、「思想道徳の修養」、「体育」、「社会的名誉」、「就業」)、⑧「特色」の8つが評価指標として設定されていました*13。この第一期においては、「同一の尺度で全ての大学を判断するのは、余り公平でなく、大学の個性化、多様化にとっても不利である」、「評価結果の優秀率が高過ぎ、社会の一般的な印象と開きがある」、「評価は行政的色彩が濃く、大学は受け身の立場で対処しており、学校運営の自主性にある程度影響した」、「評価のコストが高過ぎる」、「「学生を中心とする」理念が体現されず、その学習の質に対する考察は深いものでない」、「社会各界の参画が少なく、「教育関係者だけで教育を評価する」現象がある程度見られる」などの問題点が挙げられています*14。これらの課題を検討した結果、教育部は2011年に第二期評価システムに関する「教育部普通高等教育機関本科教育評価に関するガイドライン」(教育部关于普通高等学校本科教学评估工作的意见)を発表しました。このガイドラインに従い、第二期の評価では、高等教育機関の「自己評価」を基盤とし、「教育基本状況に関するデータベース」の構築とそれを活用した常態的モニタリング、第三者機関による「分類的機関評価」(合格評価と審核評価)や、「プログラムの認証・評価」、「国際評価」などが実施されています。

　また第一期評価に対する意見に従い、HEECによるデータベースが構築され、ガイドブックが整備され、データ入力が進められています。また、高等教育機関自身が定めた人材育成目標達成に向けて、教育状況、教育プロセス、教育効果、学修成果、教育資源活用などについて機関が自己評価を行い、報告書を公表、提出することとなっています。この報告書は次に

述べる機関評価等における重要な参考資料となります。その他、分類的機関評価として、2000年以降の機関評価を受審していない新設機関に対する「合格評価」と過去に機関評価を受審し合格した機関に対する「審核評価」の2種類が実施されることとなりました。「プログラムの認証・評価」、「国際評価」についてもワシントンアコード加盟による工学プログラム認証が始まっています。合格評価は、7つの「大基準」、20の「小基準」、39の「主要な観点」、各観点の下に示された「基本的要求事項」からなる基準に沿って評価活動が行われています。最後の「基本的要求事項」が明記されたことが第一期と比べて大きく異なっている点です。ちなみに、7つの大基準は1.教育機関運営の構想と指導者の役割、2.教員組織、3.教育環境の整備と活用状況、4.学科・専攻・課程の設置、5.質の管理、6.学風・学生指導、7.教育の質、となっています。

合格評価は、自己評価（受審機関）、書面文責（HEEC）、訪問調査（評価チーム）、評価結果の決定・公表（専門家委員会／HEEC）、フォローアップ改善行動（HEEC／受審機関）の流れで進められます。評価結果は、通過（合格）、暫緩通過（合格保留）、不通過（不合格）の3つです。審核評価は、2000年以降の機関評価を受審し、かつ合格した機関に対して実施され、機関の運営状況、教育の質、人材育成目標の達成状況、内部質保証システムの構築・実施状況、教区改革推進対策およびその効果などの観点から評価が行われています[15]。

学位管理システム[16] としては、中華人民共和国学位条例[17]（1980年）、中華人民共和国学位条例暫行実施弁法[18]（1981年）により、学位授与の仕組みと授与権付託にかかる基準を設けています。学位授与権付託は、高等教育機関の申請に基づき、国務院学科審査専門家チームが審査し、それに合格した後、国務院学位委員会が承認する仕組みです。例えば、新設大学が学位授与権を得るためには、最初の卒業生を送り出す1年前に授与権審査の申請を行います。審査の結果は、「優秀」、「合格」、「不合格」の3種類あり、「優秀」は授与権取得、「合格」は半年後再審査、「不合格」は1

年後再審査となります。この授与権付託に基づき、高等教育機関内に、学位評定委員会が、修士、博士の場合は論文審査委員会、口頭諮問委員会が設けられ、学位審査を行います[19]。また、これらの学位の質を保証するため修士および博士論文の外部チェックシステムがあります。修士論文については、1998年から実施され、州や地域で方法は異なりますが、中国全土で行われているシステムです。基本は抽出された論文が対象ですが、上海師範大学のように全ての修士・博士論文を外部チェックに回しているところもあります。

　次に、これら3つの柱を補強している「高等教育機関本科教育の質および教育改革プロジェクト」や「211工程」、「985工程」と呼ばれる重点大学強化政策について簡単に紹介します。「高等教育機関本科教育の質および教育改革プロジェクト」では、高等教育の質向上を目指し、専攻の構造調整および認証、カリキュラム・教材開発、資源共有、人材育成モデル改革、高水準の教員組織の編成、教育評価および教育情報の基本データ公表などの項目を扱うこととなっています。なかでも「第12次5か年計画」期間中（2011～15年）の教育改革プロジェクトガイドラインでは、質基準の構築、学科総合改革、インターネットを活用した質の高い教育の開放、実践的イノベーション能力養成、教員の教学能力向上の5つが重点項目とされています[20]。「211工程」は、1995年から始まり、21世紀重点100大学を支援するもので、「985工程」は江沢民国家主席が1998年5月の北京大学100周年記念式典で発表した考えにより、9大学を世界一流にするための取り組みです。現在は30数大学が認定されています。中国では、「211工程」、「985工程」認定大学を頂点に、博士課程を持つ大学、修士課程を持つ大学、学士課程のみ、短期大学などの高等教育機関ヒエラルキーが形成されています。ちなみに、上海交通大学の世界大学ランキングにおいて、2003年には世界の500位以内に中国から8大学だったのが、2013年には30大学（うち200位以内5大学）となっています。

3 韓国における高等教育質保証

　韓国の高等教育機関の数は432（うち4年制以上の大学は189）[21]、大学（OECD分類でのtertiary-type A）進学率は、71.1％（2010年）[22] となっています。高等教育の拡大に伴い、2008年の大学情報公示制、2009年の自己評価義務化、外部評価制度が導入され、質保証システムの枠組み整備が図られています[23]。

　現在、具体的な質保証活動は韓国大学教育協議会[24]（以下、協議会）配下の大学評価院[25]（以下、評価院）が担当しています。協議会は、1982年に設立された4年制大学連合組織で、国と大学の調整機能、大学の自律性向上と健全な発展支援、大学間協力促進、大学評価などをその設立の趣旨としています[26]。

　評価院は、大学の質向上に関する基準および指針を提供し、大学教育の発展に寄与し、アクレディテーションを通して優れた人材を生み出すことを目指していて、先進性、専門性、信頼性、国際性の4つを柱として活動を行っています[27]。1982年から1986年に1回目の、1988年から1992年に2回目の総合的大学評価、1992年から2008年には学問分野別評価、1994年から2000年に1回目の、2001年から2006年に2回目の大学総合評価認定制、2008年からの産業界との連携による大学評価が実施され、その流れの中、2009年に大学評価院が設立されています[28]。

　協議会による韓国高等教育質保証の仕組みとしては、機関別評価認証、大学による自己評価、産業界との連携による大学評価、学問分野別評価認証の4つがあります。

　機関別評価認証は、大学総合評価認定制から発展したもので、2011年に始まりました。大学は5年に1度評価を受けることとなっています。この機関別評価認証は、大学が教育機関として必要な基本的要件を満たしているか評価を行い、評価結果を公表することで、当該教育機関に対する社会の信頼を構築するための仕組みです。この機関別評価認証で適格認定を

得るということは、大学が法令および大学自身が定めた教育の質を維持するために必要な最低限の条件を満たしており、かつ、継続的な質の改善に取り組んでいることを意味しています。機関別評価認証の基本方針は、教育成果追求のため学生の学修成果達成状況の重視、大学の自律性と独自性の追求、質の保証と向上、社会的責任を果たすことです。評価認証活動においては、質の評価重視、データ及び自己点検報告書活用、助言指導を与えるコンサルティング型評価、多様性を尊重した評価、評価結果の活用が特徴としてあげられます[*29]。

　機関別評価認証は、事前準備、自己評価、評価、判定、フォローアップの5段階から構成されています。もう少し詳しく説明すると、事前準備では、8ヶ月前に評価項目の変更もしくは追加について協議を行い、6ヶ月前に申請書を提出し評価実施の可否が決定され、自己評価書を作成・提出し、書面及び訪問調査による評価が行われ、その後、判定結果が確定し、それに応じてモニタリング、コンサルティング等のフォローアップが行われます[*30]。機関別認証評価では、6つの評価領域、17の評価分野、54の評価項目[*31]毎に評価が行われます。ちなみに、6つの評価領域は、1.大学の使命及び発展計画、2.教職員及び学生、3.教育、4.施設、5.財務管理、6.地域貢献です。また、評価項目のうち6項目は必須評価項目とされ、例えば、専任教員比率、年齢分布、専門分野分布、採用計画など定量的および定性的に最低要件が定められています。機関別評価の判定は、認定（全ての必須評価項目（6項目）と6つの評価領域を満たしている）、条件付き認定（全ての必須評価項目（6項目）と5つの評価領域を満たしている。評価領域のうち1つは改善の余地がある）、保留（5つ以上の必須評価項目と4つの評価領域を満たしている。評価領域のうち2つは改善の余地がある。または、5つ以上の必須評価項目と5つの評価領域を満たしている。評価領域のうち1つは問題がある）、不認定（認定、条件付き認定、保留のいずれの場合にも当てはまらない）の4種類です[*32]。

　大学による自己評価は、2009年から義務化されているもので、大学は2

年に1度自己評価を実施することが法律で義務づけられています。この自己評価の結果は、機関別評価認証の中で活用されます。協議会が自己評価に関するガイドラインの作成・公表、助言、相談受付、担当者研修の企画・運営を行っています。また、各種数値データを含む自己評価結果の一部は、協議会の大学情報公示サービスを通じて公開されています。

産業界との連携による大学評価は、2008年から毎年任意で実施されているもので、産業界で必要とされる能力を基に大学を評価するとともに、産業界が学生に求める能力・技能と大学において養成される能力・技能との差異を明らかにし、カリキュラム改善方法を検討し、大学と産業界の協力体制を築くことをその目的としています。

学問分野別評価認証は、上でも述べた1992年から2008年に実施されていた学問分野別評価を引き継ぐものであり、大学の教育・研究能力、施設、運営管理を分野別に分析することで当該分野の質を評価し、改善に導くことを目的としています。現在は、看護、建築、経営、工学などの分野で教育科学技術部の認定を得た専門評価認証機関が活動しています[*33]。

4 台湾（中華民国）における高等教育質保証

　台湾（中華民国）の高等教育機関数は 2011 年時点で 163（うち 4 年制以上の大学は 116）あり、135 万人強（うち大学には 113 万人強）の学生が在籍しています。高等教育進学率は、「浄在学率 *34（Net Enrollment Ratio）(18 － 21 歳学生数÷ 18 － 21 歳総人口)」で約 68％、粗在学率（Gross Enrollment Ratio）(総学生数÷ 18 － 21 歳総人口) で約 83％となっています *35。12 項目設定されている台湾教育部の教育ポリシーの 1 つに、「高等教育の質を高め、高等教育産業輸出を促進する」とあり、*36。このことからも台湾政府が高等教育の質を重視していることがわかります。現在、高等教育質保証を担っているのが、財團法人高等教育評鑑中心基金會（Higher Education Evaluation and Accreditation Council of Taiwan, HEEACT*37）です。

　台湾においても、高等教育機関が急速に増加する中、高等教育質向上および質保証への関心が高まっていきました。その流れの中で 1994 年に大学法が改正され、教育部が大学評価に責任を持つことが求められるとともに、大学評価に関する法的根拠が整備されました。2004 年には教育部が大規模な評価プロジェクトを立ち上げ、試行的な大学評価を実施し、2005 年には大学法が改正され、自己評価、外部評価、評価機関の設置、評価結果の公表などが定められました。この法改正を受け、教育部と全ての高等教育機関の協力のもと、HEEACT は 2005 年に設置されました。HEEACT は高等教育評価及びアクレディテーションに関する第三者による専門性を備えた組織として、1. 大学、短大等を含む全ての台湾の高等教育機関に対する機関別および教育プログラム評価を実施する、2. 高等教育における質保証および質向上に関する研究開発を行う、ことを主たる活動としています。また、台湾高等教育の国際化推進および世界の高等教育情勢把握のため、HEEACT は国際的な組織においても活発に活動しています。HEEACT は 2006 年からは学科単位での評価も実施しています。全ての大学は 5 年に 1 回評価を受けることとなっています。評価サイクル第二期に入った現在で

は、機関別アクレディテーションと教育プログラムアクレディテーションが実施されています [38]。

　HEEACT が行っている機関別アクレディテーションの目的は、1. 国際競争力を調査する、2. 改善計画を実行させる、3. 教育研究能力を評価する、4. 優れた活動を評価し、ベンチマークとして確立する、5. 改善計画から外れた不適切な活動を修正する、6. 評価結果を高等教育全般への改善提言につなげる、となっています。この目的を達成するため、5 つの評価基準と 48 の評価項目が設定されています [39]。5 つの評価基準は、「基準 1　機関としてのアイデンティティ」、「基準 2　機関としての統治および運営の仕組み」、「基準 3　教育学習資源」、「基準 4　説明責任と社会的責任」、「基準 5　持続的改善および質保証の仕組み」となっています。評価手順は、1. 準備、2. 自己評価、3. 訪問調査、4. 評価結果確定、5. 評価後フォローアップの 5 段階で構成されています。評価結果は、認定、条件付き認定、不認定の 3 種類で、この評価結果に対する異議申し立ての仕組みも整備されています。

　また、この他にも 2012 年から教育プログラムアクレディテーションが実施されています。評価手順、評価結果、異議申し立ての仕組みは機関別アクレディテーションとほぼ同様です。教育プログラムアクレディテーションの理念・目的は、1. 学生の学修成果を確かなものとするために各教育プログラムの仕組みと実践を理解する、2. 大学が学生の学修成果達成の仕組みを評価することに対して認定を与える、3. 教育プログラムの質改善を支援する、4. 教育プログラムの特徴を引き出し、社会の要望に合うように支援する、5. 評価結果を高等教育全般への改善提言につなげる、となっています。評価基準は、教養教育に対しては、1. 理念、目標、特徴、2. カリキュラム編成、3. 教員団の能力および教育の質、4. 学習資源および学習環境、5. 組織、定員管理、自己改善の仕組みであり、2 回目となる専門科目に対しては、1. 目的、核となる技能、カリキュラム編成、2. 教員団の教育能力および学生の学習、3. 学生指導および学習資源、4. 学問的および専門的成果、5. 卒業生関連および自己改善の仕組み、です [40]。

5 まとめ

　中国、韓国、台湾における高等教育質保証活動について簡単に紹介しました。各国毎に仕組みはことなるものの、高等教育機関に対する質保証体制は構築されていて、高等教育の質の向上を目的とした活動が行われています。点検評価項目は、高等教育機関の理念、施設・設備等の学習環境、教員、教育課程（編成および実施）、学修成果、学生支援、財務、社会的説明責任、自己点検・内部質保証体制などです。これらの項目は、日本の各認証評価機関の基準項目や「欧州高等教育圏における質保証のための基準と指針（Standards and Guidelines for Quality Assurance in the European Higher Education Area）、第 1 部：高等教育機関内部質保証のための欧州基準と指針」ともおおむね合致し、国際的な高等教育質保証活動の流れに沿ったものです。上記項目は、機関別質保証活動に関わるものですが、それらに加えて、中国では学位管理システム、韓国では産業界との連携による評価や教育分野別評価、台湾では、教育プログラムアクレディテーションなど、国毎に独自の取り組みも進められています。このように東アジアにおいて各国が自国の高等教育が国際的に通用することを証明するためにその質の向上に積極的に取り組んでいることは日本の高等教育にとって脅威でもあり、励みにものなるものです。本稿が、いくらかでも日本の高等教育質保証活動推進の助けになれば幸いです。

*1　http://www.mext.go.jp/a_menu/koutou/shitu/1292771.htm
*2　http://www.mext.go.jp/a_menu/koutou/shitu/1303468.htm
*3　東アジア高等教育質保証国際シンポジウムの開催について　http://www.mext.go.jp/b_menu/houdou/23/07/1308656.htm
　　東アジア高等教育質保証国際シンポジウムの開催結果について　http://www.mext.go.jp/b_menu/houdou/23/09/1311619.htm
*4　http://www.apqn.org/
*5　2013 年 9 月上海市教育評価院（Shanghai Educacion Evaluation Institute, SEEI）訪問時資料より
*6　中国高等教育質保証インフォ・パッケージ（NIAD）、p.3、pp.23-24
*7　同書、pp.4-7

*8　http://www.moe.gov.cn/publicfiles/business/htmlfiles/moe/moe_619/200407/1311.html
　　http://www.mext.go.jp/b_menu/shingi/chukyo/chukyo4/gijiroku/030301de.htm
*9　http://www.moe.gov.cn/publicfiles/business/htmlfiles/moe/moe_620/200409/3134.html
*10　「学習成果アセスメントのインパクトに関する総合的研究（研究成果報告書）第9章中国」、p.169
*11　http://www.moe.edu.cn/publicfiles/business/htmlfiles/moe/s7168/201303/148782.html
*12　中国高等教育質保証インフォ・パッケージ（NIAD）、p.6
*13　「中国高等教育の評価と質の保障」、『ダイナミックに変革する中国の高等教育の発展と動向』、2010年、pp.45-46）
*14　「国際的視野における中国大学本科教育評価モデルの改革」、『ダイナミックに変革する中国の高等教育の発展と動向』、2010年、pp.45-46
*15　同書、pp.27-31
*16　学術学位と専門職学位があるが、ここでは学術学位に関してのみ説明する
*17　http://www.moe.edu.cn/publicfiles/business/htmlfiles/moe/moe_619/200407/1315.html
*18　http://www.moe.edu.cn/publicfiles/business/htmlfiles/moe/moe_620/200409/3133.html
*19　中国高等教育質保証インフォ・パッケージ（NIAD）、p.4 および p.21
*20　同書、p.5
*21　韓国高等教育質保証インフォメーション・パッケージ（日本語版）（2012年11月　NIAD-UE 作成）、「韓国における高等教育及び質保証の概要」、p.6
*22　Education at a glance 2012: OECD indicators p.348
*23　「東アジア圏の教育における大学間交流と質保証システム」、『大学のグローバル化と内部質保証』、pp.85-86
*24　http://english.kcue.or.kr/
*25　http://aims.kcue.or.kr/eng/
*26　「東アジア圏の教育における大学間交流と質保証システム」、『大学のグローバル化と内部質保証』、p.86
*27　KUAI Brochure 2013、p.3
*28　『大学のグローバル化と内部質保証』、p.86、KUAI Brochure 2013、p.3、韓国高等教育質保証インフォメーション・パッケージ（日本語版）（2012年11月　NIAD-UE 作成）、「韓国における高等教育及び質保証の概要」、p.13
*29　韓国高等教育質保証インフォメーション・パッケージ（日本語版）（2012年11月　NIAD-UE 作成）、「大学機関別評価認証ハンドブック2012」、pp.5-7
*30　同書、pp.10-11
*31　同書、pp.22-23
*32　同書、p.16
*33　韓国高等教育質保証インフォメーション・パッケージ（日本語版）（2012年11月　NIAD-UE 作成）、「韓国における高等教育及び質保証の概要」、pp.13-15
*34　「浄在学率（Net Enrollment Ratio）」とは、現役で高等教育機関に在籍することになる年齢層（18歳から21歳）の総人口のうち、実際に在籍している人の割合を示したものである（18－21歳学生数÷18－21歳総人口）。これに対し、「粗在学率（Gross Enrollment Ratio）」とは、現役で高等教育機関に在籍することになる年齢層（18歳から21歳）の総人口に対し、現役以外も含めた総学生数の比率を求めたものである（総学生数÷18－21歳総人口）。（「現代台湾における高学歴化の諸相　──1980年代以降に注目して──　」、p.37、黄崑峯（HUANG Kunfeng）、『同志社社会学研究 NO.14』、2010年）
*35　Summary of Education at All Levels in SY 2011、p.14、http://english.moe.gov.tw/ct.asp?xItem=14487&ctNode=11429&mp=1
*36　http://english.moe.gov.tw/ct.asp?xItem=15708&ctNode=11410&mp=1
*37　http://www.heeact.edu.tw/mp.asp?mp=4
*38　http://www.heeact.edu.tw/ct.asp?xItem=1092&CtNode=444&mp=4
　　HEEACT Institutional Evaluation Handbook、pp.1-2
*39　http://www.heeact.edu.tw/lp.asp?CtNode=2033&CtUnit=1225&BaseDSD=7&mp=4
　　HEEACT Institutional Evaluation Handbook pp.9-24
*40　http://www.heeact.edu.tw/lp.asp?CtUnit=1223&BaseDSD=7&mp=4

参考文献
- 「中国高等教育質保証インフォメーション・パッケージ」(大学評価・学位授与機構、2013 年 9 月)
- 「韓国高等教育質保証インフォメーション・パッケージ(日本語版)」(大学評価・学位授与機構、2012 年 11 月)
- 「第 9 章　中国における高等教育の質保証と学習成果アセスメント」、『学習成果アセスメントのインパクトに関する総合的研究(研究成果報告書)』(pp.165-182、南部広孝、国立教育政策研究所研究成果報告書、2012 年 3 月)
- 「第 1 章　韓国における高等教育制度と大学の設置形態」、『大学の設置形態に関する調査研究：報告書』(pp.15-40、水田健輔、金泰勲、金鉉玉、朴炫貞、国立大学財務・経営センター研究報告第 13 号、2010 年 3 月)
- 「第 2 章　中国における高等教育制度と大学の設置形態」、『大学の設置形態に関する調査研究：報告書』(pp.41-72、鮑威、国立大学財務・経営センター研究報告第 13 号、2010 年 3 月)
- 「第 5 章東アジア圏の教育における大学間交流と質保証システム」、『大学のグローバル化と内部質保証　―単位の実質化、授業改善、アウトカム評価―』(pp.81-110、早田幸政、望月太郎(編著)、晃洋書房、2012 年 4 月)
- 「現代台湾における高学歴化の諸相　――1980 年代以降に注目して――　」、『同志社社会学研究 NO.14』(pp.31 – 46、黃崑峯、2010 年)
- 『ダイナミックに変革する中国の高等教育の発展と動向』(科学技術振興機構中国総合研究センター、2010 年)
- "HEEACT Institutional Evaluation Handbook"
- "Summary of Education at All Levels in SY 2011"
- "Summary of Education at All Levels SY2000-2012"

大学入学者選抜、高校教育、大学教育の三位一体改革

橋詰悦荘
Hashizume Etsuso
時事通信社大阪支社 次長兼編集部長

KEY WORD

生涯学ぶ基盤／達成度テスト／主体的学び

　高校から大学への円滑な学びの接続（高大接続）の問題を検討してきた文部科学相の諮問機関、中央教育審議会（安西祐一郎会長）は平成26年（2014年）12月22日、現行の大学入試センター試験の刷新などを求めた答申を下村博文文部科学相に手渡した。

　入学試験改革という限定した観点からみると、1点刻みの知識量を測ることから応用力など考える力をみることへの転換を求めている点が際立っている。しかし、この答申の全体像はもっと奥行きの深い構造になっている。

　高校教育に対しては、多様な生徒の学習や進路に対応した、質の確保・向上を求め、大学教育に対しては、その質的転換を求め、入学後の進路変更の柔軟化など大学の人材育成機能の強化を要求している。この双方の改革の上で、「大学入学者選抜」をその接点として位置付ける。高校教育、大学教育、大学入学者選抜の3つの課題を一体的に改革する、三位一体改革を提起している。

　この構造性は、審議をリードしてきた安西会長が「答申（案）は『高等学校教育、大学教育、大学入学者選抜の一体改革』であって、『大学入試

改革』だけを言っているのではない」と審議会の中で繰り返し述べていた経過にも示されている。また、安西会長は答申提出直前の平成26年10月に開かれた国立大学協会のシンポジウムで「現在議論されている『高大接続』は『入試改革』ではない」とまで言い切っている。今回の答申を新聞報道は「大学入試改革」という見出しで分かりやすい表現をとっているが、答申の中核は、答申文通りの「大学入学者選抜」の改革と正確に読み取る必要がある。

北海道大学のグループが文部科学省の委託事業として「高等学校段階の学力を客観的に把握・活用できる新たな仕組みに関する調査研究」の報告書がまとめられて4年以上を経過する。その内容は「大学入試の終焉」(北海道大学出版会)という刺激的なタイトルの本として出版され、波紋を呼んだ。今回の答申具体化の成否は、従来の「大学入試」と答申に示された「大学入学者選抜」の違いを、教育界の各プレーヤーが正確に認識することができるかどうかにかかっているのではないだろうか。

答申は、1高大接続・大学入学者選抜を巡る現状と課題、2高大接続・大学入学者選抜の改善についての基本的な考え方—で総論部分を提示した。各論として、3高校教育の質の確保・向上、4大学の人材育成機能強化、5大学入学者選抜の改善、6達成度テスト(発展レベル)—を展開する。むすびとして、7高校教育の質確保や大学教育の質的転換を前提とした、高校教育と大学教育の連携強化—が配置されている。答申内容を概観する。

高大接続・大学入学者選抜を巡る現状と課題

大学進学者の能力・適正、意欲・関心が多様化し、極めて高い学力を有する学生がいる一方、高校段階の学習内容が身に付いていない者も少なからずいる、と分析した。少子化の進行に伴い、計算上、大学進学希望者は学校を選ばなければいずれかの大学に入学できる大学全入の状況に近づき、大学入学者選抜機能が低下していることを指摘した。

こうした状況を背景に１高校生・大学生の学習時間の減少や学習意欲の低下、２AO入試等の一部における不十分な学力把握、３選抜性の高い大学における１点刻みによる学力検査への偏重、４大学入学者選抜に関する業務の拡大、５大学入試センター試験の肥大化と実施体制面での課題―の問題点を列挙した。

現行の大学入試センター試験について、「難問奇問を排した良質な試験問題を提供し、各大学が実施する個別試験との組み合わせにより、大学入学者選抜の工夫改善に大きな役割を果たしてきた」と評価する一方、「６教科29科目という多数の出題科目や50万人を超える大学入学志願者が同時に受験することに伴う運営の負担が増大し、既に運営体制が限界に近づいている」との認識を示した。

高大接続・大学入学者選抜の改善についての基本的な考え方

高校から大学を通じて育成すべき力として、「変化に対応して自ら課題を設定し、答えのない問題に解を見い出し、他者と協調するなどしつつ、実行、実現していくことのできる力」と設定した。高校教育は「実社会において必要となる基礎的・基本的な知能・技術の確実な定着を図り、生涯にわたって成長し続けるための基盤となる力を培うことが期待される」として、教育の質の確保と向上を求めた。大学教育については、「高校教育までに身に付けた知識・技能等を発展させ、生涯学び続け、主体的に考える力を持った人材育成が期待される」として、質的転換を求めた。

大学入学者選抜の現状について、「知識量を問う試験問題の点数という評価指標に過度に依存」「一部のAO入試等に基礎的・基本的な知識・技能などについて把握が不十分」と指摘した上で、「能力・意欲・適性等を多面的・総合的に評価する大学入学者選抜に転換する必要」を訴えた。

高等学校教育の質の確保・向上

　高校普通科では、「目的意識を持たず学習意欲を持っていない生徒が見られる実態を踏まえ、一人一人の生徒が主体的に学び、職業観・勤労観を確立して社会に貢献する基盤を培うことが必要」と指摘した。専門学科では、「高等教育機関への進学者が増加している実態も踏まえ、社会変化、産業動向に対応した職業教育の充実、専攻科学修の大学での単位認定、大学編入学について検討を進めることも求められる」との見方を示した。「生徒の興味・関心、能力・適性等も多様化しており、幅広い学習ニーズがあることを踏まえ、多角的観点からきめ細やかな支援を行っていくことが重要で、ICT等の活用も検討することが重要である」と提起している。

　生徒の幅広い資質・能力を多面的に評価するため、「様々な評価手法の活用、研究を進める」ことを提言した。具体的には、「ルーブリック等を活用したパフォーマンス評価やポートフォリオ評価などについて、普及可能なモデルを開発することや、必要に応じ、生徒指導要録の様式見直し（記載事項の改善）などを検討する」ことを求めた。

　学習意欲が低く、基礎学力が不足している者が見られ、高校段階の基礎学力を確実に定着させることが必要になっている。高校段階の基礎学力を客観的に測る仕組みとして「達成度テスト（基礎レベル）」を新たに設ける。このテストの骨格について、1 生徒自らの基礎的学習の達成度把握を目的とするが、推薦・AO入試や就職時の基礎学力証明の一つとして用いることも可能とする、2 問題は高校学習指導要領を踏まえたものとして、レベルは高校卒業程度認定試験と同等とする、3 多肢選択方式を原則として一部記述式も検討、4 在学中に複数回受検機会を提供し、実施時期は夏〜秋を基本とする─などと提示した。

大学の人材育成機能の強化

　真に社会の期待に応えるため、1学生の主体的な学びを重視した大学教育の質的転換、2大学入学後の進路変更の柔軟化、3厳格な成績評価―が大学にとって不可欠とした。

　教育の質的転換では、主体的に考える力を育むためにアクティブ・ラーニングの推進を提唱する。インターンシップやサービス・ラーニング、留学体験といった教室外学修プログラムの充実も提起した。

　また、入学者選抜段階での学科やコースといった細分化した募集単位を改め、学科ではなく学部単位の募集や学部を超えた募集単位の設定も例示した。学生側に立つ柔軟な制度運用を求めている。主専攻とは別に、複数分野での体系的学びとして副専攻制度の拡大も有効とした。

　我が国の高等教育機関の修了率（91％）はOECD平均（70％）と比べて高く、成績評価が必ずしも厳格に行われていない点を指摘した。大学教育の質に対する評価を高めるため、GPA等の成績評価・管理システムの進級判定や卒業認定などで評価を厳格化する組織的取り組みを求めている。

大学入学者選抜の改善

　大学入学者選抜は、限られた一部の能力等を評価するのではなく、多面的・総合的に評価するものへ転換することを求めた。新たに「達成度テスト（発展レベル）（仮称）」を創設し、現行の教科型の大学入試センター試験から、「合教科・科目型」や「総合型」の問題を重視した試験への移行を目指すとした。

　さらに、1入学者受入方針（アドミッション・ポリシー）の明確化、2調査書等を活用して、志願者に関する多面的な情報の提供、収集、3外国語検定、各種コンテストの成績などの積極的活用、4総合的な学習の時間などの成果物の評価や国際バカロレアの導入―なども求めた。現状の推薦入

試、AO入試について、本来の趣旨と異なる運用があると指摘し、改善を求めた。

達成度テスト（発展レベル）（仮称）

　志願者の能力・意欲・適性等を多面的・総合的に評価するものに転換していく必要があり、現行の大学入試センター試験に代えて、「合教科・科目型」や「総合型」の問題を重視した試験への移行を提示する。「達成度テスト（基礎レベル）（仮称）」は高校の基礎的学習の達成度の把握を目的とするのに対し、「達成度テスト（発展レベル）（仮称）」は大学教育を受けるために必要な能力の把握を主たる目的とした。

　知識・技能を活用する力を測定・評価するため、教科横断的問題（合教科・科目型）（例：地理の問題に数学Ⅰレベルのデータ分析力を必要とする問題）と、特定の教科・科目を超えて、実社会や実生活における課題解決にすべての知識・技能を組み合わせて用いる力を問う問題（総合型）（例：環境問題や食の問題など現実社会における複雑な構造をもった課題に対して、複数の資料等の情報を分析・評価する、概念・法則・意図などを解釈して課題に適用するプロセスを経て解答する）とを提示した。

　当面は、受験生、実施側の負担を考慮し１回の試験を１日で終えることを前提に年２回が適当とし、実施時期は高校、大学関係者等を含めて協議するとした。「知識偏重の１点刻みの選抜」にならないため、大学、受験生に対し段階別表示による成績提供を行う。早ければ平成33年度大学入学者選抜からの段階的実施を目指すとした。

　なお、達成度テスト（基礎レベル）は「高等学校基礎学力テスト（仮称）」に、達成度テスト（発展レベル）は「大学入学希望者学力評価テスト（仮称）」に答申後、仮称のままだがそれぞれ名称変更された。

高等学校教育の質の確保・向上や大学教育の質的転換を前提とした、高等学校教育と大学教育の連携強化

　大学の教育情報を公表する「大学ポートレート」などでの積極的な情報提供を進学希望者にすることや、大学レベルの授業を高校で実施し大学進学後に大学の単位として認定するアドバンストプレイスメントなどを提案している。

本答申の意義と課題

　現行の大学入試センター試験が導入されたのは平成2年（1990年）である。既に四半世紀を経過した。答申は「難問奇問を排した良質な試験問題を提供し、大きな役割を果たした」と評価したが、一方で「運営体制が限界に近づいている」と分析した。制度疲労を起こしていることを率直に認めている。だから、新制度という単純な話ではない。

　選抜性の高い大学の現行選抜システムについて、答申は「1点刻みによる学力検査への偏重」と指摘した。新制度として示した「達成度テスト（発展レベル）（仮称）」には「段階別表示による成績提供」を盛り込んだ。「1点刻みによる入試が公平」という多くの日本人が持つ思い込みに挑戦する内容だ。明治維新以来の富国強兵、第2次世界大戦後の高度経済成長の下に生きた日本人には、1点刻みによる競争がかなり有効であったかもしれない。本答申は、日本人に長年受け継がれたこの固定観念に修正を迫る改革案である。その意味でも、答申を受け取った下村博文文部科学相が示した「我が国の教育全体の大改革につながる」との認識は、決して政権担当者の自画自賛という程度のものではない。文字通りの大改革案である。具体化は教育改革の歴史の画期となる。

　一方で、改革案が立派であればあるほど、具体化されない懸念が募る。

文科省は答申後の平成27年1月、「高大接続改革実行プラン（工程表）」を発表しているが、高校、大学の教育改革と連動した三位一体の壮大な改革には課題が山積している。答申自身が「段階別表示の在り方について、別途、専門家等による検討」とするなど、前途には高いハードルがいくつも待ち構えている。しかし、中教審ワーキンググループが「高大接続テスト」を提唱して7年。冒頭に示した北海道大学の委託調査研究報告書の提出から4年。答申は次の東京オリンピックが開催される平成32年（2020年）をターゲットイヤーとして設定している。これ以上の先延ばしは許されない状況だ。具体化が求められている。

座談会

「大学の質保証とは何か」
座談会

金子元久
Kaneko Motohisa
筑波大学 大学研究センター 特命教授

里見朋香
Satomi Tomoka
文部科学省、前・高等教育局大学振興課長、
現・生涯学習政策局政策課長

石塚公康
Ishizuka Kimiyasu
読売新聞東京本社 編集局教育部 記者

前田早苗
Maeda Sanae
千葉大学 教授、普遍教育センター
副センター長　＊コーディネーター

前田 この座談会に与えられたテーマは「大学の質保証とは何か」という非常に大きなテーマですが、①大学の質保証は誰のためのものか、②大学の質を決める要素、③大学の質を測定する手法、④大学教育の質保証の国際的通用力を担保するための方策、⑤大学教育の質保証と学長のリーダーシップという五つの切り口で進めたいと思います。

▶大学の質保証は誰のためのものか

金子 まず、「大学の質保証」と「大学教育の質保証」ではその中身は変わってきますが、「質保証」として今、問題になっているのは後者の方ではないでしょうか。その上で、基本的には質保証は誰のためのものかというと、教育を受ける人のためのものというだけではなく、大学の卒業生を受け取る社会全体のためのものではないでしょうか。大学の卒業資格は、一種の通貨のような側面を持ちますから、社会全体にとって、その通貨がバリューを持っていることが保証されているということは重要だと思います。またそれによって社会的な資源が有効に活用されているかどうかを保証する意味もあると思います。

前田 最近、非常に効率性が要求されていると聞きますが、文部科学省の立場で、その辺りはいかがですか。

里見 やはり「誰のためか」ということについては、金子先生がおっしゃった通り、学生のため、そしてそれを受け止める社会のためでしょう。より本質的には知を還元する社会的役割を果たす大学のためとも言えます。政府の議論で言われているように、効率性の観点からも優れた取り組みに対して予算や人的な資源を手厚くすべきです。ですが、そうした支援を受けるために質を保証するというのでは本末転倒です。自分達がお預かりして

いる学生にどういう力を身につけさせてその能力を発揮できるような人材にして社会に送り出すのかというサイクルを各大学が明確にする中で考えるのが自然ではないかと思います。

金子 それもやっぱり効率性の問題なんですよね、今大学生が多過ぎるか、多過ぎないかという議論がありますが、それはもう多過ぎるか、多過ぎないかは簡単に決められないと思います。ですが、質を確定し、それを保証することによってある意味では社会的な資源の配分が決まるわけで、マクロ的に言えば私は非常に重要だと思いますね。アメリカの動きをみても、そういう意味での質保証は非常に大きな問題です。質の水準をしっかり決めておいてそれを支えるのに必要なコストを充分にかける。それが決まらないと効率的な配分ができない。

石塚 私も、大学教育の質保証には、教育を受ける立場の学生、学費を負担する保護者、そういった「消費者」を保護する意味合いがあると思います。また、質が保証されることで、大学が社会から信用を得られる面もあります。一方で、公的資金など限られた社会的資源を各大学にどう振り分けるのか、という政治的問題と切り離せなくなってきたと見ています。

前田 金子先生から大学生が多過ぎるのかどうかは決められないというお話がありましたけれども、文部科学省としてはやはり大学が行きたい人に合わせて個性化多様化していくということが大事なんだという考え方があると思うんですけれど、その場合にその大学生のおおよそのレベルについて、今どのようにお考えになっていますか。

金子 マクロに見て今の大学生の進学率が妥当なのかどうかは議論があるところです。今、大卒者は大体2割くらいは大学卒業直後に就職できない。他方で高校卒業生の労働力需要は1990年代以降急速に下がり、有効求職

高卒者に対して有効求人者数は1990年代の5分の1ぐらいになり大変に下がっていますね。では高卒者はどこに行けばいいのか。やはり大学に入学させて新しい可能性を拓かせることは必要だと思います。ただしある程度の学力確認は入学の時にしておくべきだと思います。その上で大学の中でその人たちにあった教育をする。少なくとも一定の付加価値を得ている、という意味での質保証はすべきです。大学の教育の内容がそういったものでなければいけないと思います。もう一つは「大学は個人が選ぶわけだからいいじゃないか」という議論があるんですね。ただそれは先ほどの効率性の問題があるわけです。現在、大学生で日本学生支援機構のローンを借りている人は4割に達しています。みんな借金して大学に行っているわけで、その借金をした効果があるということを何らかの形で保証することは必要ですね。そういう意味で質保証というのは個人が合理的な判断をする上でも非常に重要です。

前田 今、いくつかの論点が出されました。大学に行ける学力をきちんと確認をするということで、今入試センター試験の改革案がいろいろ出ていますけれど、選抜性の高い大学はあまり賛成をしていない。大学入試の今の入学試験改革の動向についてどのように考えていらっしゃるでしょうか。石塚さん如何でしょう。

石塚 個々の大学がアドミッションポリシーなどを示して、それに応じた人を入学させるというのが本来の理念でしょう。しかし、私立大学が多い日本では、定員を埋めなければ経営が苦しくなる問題があって、理念と現実の乖離が常につきまとっています。政府も入試改革の議論をしていますが、目指している方向性に対して、社会の側から十分な支持を得られているのか、疑問です。そもそも質保証についても、かねてからの大学評価や設置認可などを合わせた概念になっていると思うのですが、新しい言葉が出てきたことによって、一般の人にはかえって分かりにくくなってくるようです。

前田 多様な人材が大学に入れるようにすることの必要性もよく言われていますが、そのためには、例えば企業が大学に人を送り込むとか、もしくは大学で学び直した人がステップアップできるとか、そういう社会というのがまだ用意されている様には思えないんですけれど、その辺りをどのようにお考えですか。

里見 文部科学省では今年は社会人の学び直しの機会を大学院段階で推進するということで新しい事業を行っています。「社会人の学び直し」については長年言われていながら、なかなか数が増えていない。企業あるいは雇用者側としては、大学が納得のできるカリキュラムを用意してくれれば、派遣する環境は整うと言われると思います。産業競争力をつける、あるいは産業の転換期に学び直しをするという文脈で考えるならば、学び直しを本当に求めている社会の側の声をよく聞いて、大学がカリキュラムを作るということに尽きると思いますが、まだそこが十分出来ていないのではないかという問題意識を持っています。女性が一度家庭に入った後にまた社会に出たいから大学で学び直すというような場合は、「あまり費用をかけず短期間で労働市場で付加価値のつくような能力を身につけたい」というニーズですが、今の大学で提供できている内容と必ずしもフィットしない可能性もあると思います。社会の第一線を退いた高齢者をイメージした社会人の学び直しを増やすと言うのであれば、どんなに長い時間かかっても、相応の経費をかけても学びたいことは学びたいという人たちのニーズに応えるということですので、全く違う観点になると思います。

前田 金子先生、OECDのデータなど見ると、相当年齢の幅の広い人が大学に行っているという現実が海外ではあるんですけれども、どこが違うのでしょうか。

▶大学の質を決める要素

金子 そのあたりについて皆さん少し大雑把に考え過ぎているのではないかと思います。ヨーロッパで成人学生が多いというのは、歴史的に職業教育の系統が充実していて、一定の職業に就く時に、訓練を受ける。職業というものが明確に定義されていますから、その準備過程も明確である。そうした伝統にたった制度を日本でそのまま提供できるかといえばそれは難しい。

もう一つは企業での働き方が違うということが非常に大きいですよね。我々は約2万6千人の大卒労働者を調査しました。仕事で大学で習った専門的な知識を使っているかと聞くと、文化系8割、理科系でも6割くらいは使っていないと回答がありました。日本の企業は組織の中で知識、技能を作りまた伝達するという伝統があります。それで日本の経済成長を成し遂げてきたので、それを今スイッチするという点で非常に苦しんでいるところだと思いますね。

また約6千件の事業所の人事担当者にアンケート調査をしたのですが在職者に大学院に通うことを認めますか、と問うと、大体8割くらいが認めないって言っています。従業員の勤務時間だけを拘束しているのではなくて、その人の生活全体を拘束している。勤務時間外に行くと言っても行かせないようであれば、大学に社会人が入るっていうのは幻想だと思いますね。ただ大学院レベルでサーティフィケートプログラムや講習みたいなものが結構できている。そういうところから少しずつは拡大しているのかもしれない。

もう一つ非常に大きいのは、日本は産業構造が大きく変化しています。特にサービス業はその変化が大きく、専門知識が必要なところが多くなっているので、そういうところから、新しい社会人教育への需要がおこってくるんだと思いますね。

基本的に今までの社会・経済構造を前提として、教育だけを変えると思っ

ても、その限界は非常に明らかになっていると思います。産業構造全体の中での変化が生じている、そのダイナミズムをうまく利用していくことがこれから必要になってくる。そういう意味で教育プログラムの質保証をどうしても考える必要が出てくるんじゃないかと思います。

前田 金子先生が挙げて下さったようなかなり特化したプログラムを大学で提供していくということでしょうか。

金子 そういう成人の教育要求っていうのは、実は大括りしては捉えられない。細分化されたものなんですよね。製造業でいうとロットが小さいんですよ、今までの学士課程っていうと一つの学部で、大体2000人、3000人が入るっていう発想だった、そういうのではないところが拡大してくると思います。

前田 石塚さんにお伺いします。新聞でも個別大学の特色ある取り組みを取り上げているような企画もあります。そういうような個別大学の特色ある取り組みは、一般の人でも興味を引くとお感じになってらっしゃいますか。

石塚 それは大いに感じます。メディアとしては、大学教育を考えていく上で先進的な取り組みをしている大学を追うわけです。ところが、結果は時間が経たないと分からない。ミスリードしないためには、メディア側も勉強しないといけないと思っています。保護者や教育関係者らは大学に比較的関心があると思いますが、それ以外の人々に関心を持ってもらうには、教育と社会、経済の関係などマクロ的な視点で取り上げることも大事でしょう。大学の広報も見せ方、出し方を工夫する必要がありますが、まだまだ十分ではないと思います。

前田 では学士課程というのはどういう教育をする場であればいいのかということが気になるところなんです。いわゆる学士課程答申が出た時に、教養教育的な教育が大事だと言われましたがその受け止め方は非常に多様だったと思うんです。学部の専門教育に必要な能力を縦割りに教育すればいいと思う人もいれば、やっぱり大学全体で一定レベルの共有すべき教養教育が必要という考え方の両方あると思うんですけれども、大学院で専門教育をやるというところまでなかなか到達していない日本において、学士課程教育においてどのような教育をしていくというのがいいのだろうということを少しお話し頂ければと思いますが、いかがでしょうか。

里見 大学設置基準の大綱化の際に、一般教育科目という授業区分をなくしたわけですけれども、実際その後起きたことを見れば、東京大学のように教養教育を非常に大切に育ててきた大学もあれば、専門教育にいきなり早期から入っていくという形で組み立てられた大学もあって、結局現状からしますと、それがいろいろな形で存在しているというのが今の日本の大学だと思います。これは実は永遠のテーマでありまして、共通性が本当に必要なのか、大学の中でもよく考えてみなければいけないところがあります。必要であると判断されるのであれば、そのようなカリキュラムを組むことが効果的だろうと思いますが、学部ごとの教育内容に共通性がない大学もありますので、大学によってもだいぶ違うのかなという感覚を持っています。総合大学のように元々からいろいろな科目を提供できる大学はよいのですが、なかなか全部の科目を網羅的に提供できないような大学において教養を大学全体に共通のものとして作るのは相当難しいと思います。

金子 私はその教養か専門かという時の捉え方に少し混乱を感じています。元々大学というのは専門職教育をするところですから、専門職教育をする。これは一つの考え方として分かりやすい。もう一つはリベラルアーツというか専門に拘らず、一般教育いわゆるカリキュラム上の一般教育と

違う、一般的な教育をするという意味での一般教育、それから学術的な専門分野の教育という三つの考え方があるわけです。日本の場合は学術専門分野をもとにして「学部」というものがあり、それが教養教育、職業教育を含めて教育を行なう、という形になっている。

　しかし私は学術専門分野をもとに成立した「学部」という考え方はもう変えないといけないと思います。例えば経済学なら経済学だけの領域からだけ見るのではなくて、もう少し広い視野につなげることが要求されていると思いますね。さっき言った大学卒業生に対する調査でも専門分野の個々の非常に細かい知識は使わないが、一つの分野の基礎を修得することは重要だという意見が強い。専門教育でも、もう少し一般教育的な知識との関連を意識して教育をするっていうことは多分あり得ます。学術的な専門みたいなものと一般教育と、職業専門みたいなものはやっぱりある程度並行してどれかにウエイトを置くというところは大学によって違ってくると思う。ただ言えるのは学術的な専門だけで非常に細かく区切った知識を学術的な観点からだけで教育するっていう考え方はもう意味を失っている。その観点から大きな問題は日本の大学が学部で区切られていることです。法学部は「法学」部、経済学部は「経済」学部である。しかも巨大私学だと一つひとつの学部が非常に大きいわけですよね。その中で、職業教育、教養教育、専門学術教育のバランスをどのように実現するのかっていうことはなかなか難しい。組織自体考え直さないといけないところに来ていると思いますね。

前田　そうなってくると教員の意識や組織の問題といろいろ本当に難しいところがありますね。今の辺り石塚さんどうですか。

石塚　いわゆる「学部の壁」ですね。大学教育の質保証の関連で言うと、日本学術会議では分野別に教育課程編成の参照基準を作っていますが、既存の分野ごとに質保証を考える発想が基本にあります。これでは、学部の

壁を打ち破るような新たな展開には進みにくいのではないでしょうか。

前田 例えば一番比較して考えやすいのは専門学校、専修学校の専門課程というのがあるわけでして、それは職業に特化しています。大学で専門職教育を強力に進めていこうとするのとどこが違うのか、三つ分類を出して下さった金子先生その辺りどのようにお考えですか。

金子 制度的に職業教育と高等教育を分けるという考え方はどこの国でも歴史的に見れば常にありました。大学に至るアカデミックな教育体系と、職業訓練の体系が、それぞれ別に発展してきました。戦後は職業訓練も特にヨーロッパでは戦後、ポストセカンダリーといって、高等教育の段階のものもできた。そういう形で複線型が上に伸びてきたっていうのが歴史です。

　日本の場合は戦後に、複線型を統一して単線型の教育にしたとは言いながら、やっぱり専門学校ができたりして、職業教育のポストセカンダリー部門っていうのもできているわけですね。他方でヨーロッパはポストセカンダリー部門を強化してきたんですが、1990年代からむしろ高等教育については統合の方向なんですね。それはいろんな理由があると思うんですけれど、一つはEUとして統合したため国際的な学位統合が必要なので、国内でも統合せざるを得なくなっているというのがある。もう一つは教育制度が分化していると社会の要求が変動する時に非常に対応しにくい。二分割っていうのが多様化を制約してしまうので、一元化せざるを得なくなっているというところもかなりあるのではないかと思うのです。

　アメリカは元々職業訓練学校みたいなものがあったんですけれど、これは大学教育の中に統合されてきている。歴史的に言えばコミュニティカレッジっていうのが職業教育をやっていて、それは大学教育の中に組み入れちゃったわけです。私は日本もそのような形で組み入れる方向にいかざるを得ないんじゃないかと思いますね。その上で大学教育に相応しいもの

は何かということをそれぞれ考えていかなければいけないわけです。ただ4年レベルの職業教育専門の高等教育機関というものはカリキュラム上も難しいのではないでしょうか。

前田 その転換を図って統合するっていう場合に教員自身の意識改革が必要だと思うんですけれど、その辺はヨーロッパでも転換を図っていくということになっているのでしょうか。

金子 転換を図っていくということもありますし、新しいタイプの教員が入ってくるということもありますね。その場合、教員をどう訓練するかという問題もあります。イギリスなんかでは大学の先生を対象とした訓練プロセスを意識的に作っていますが、そういうこともある程度必要なのかなと思います。ドイツなんかでやっぱり先生の意識として受け入れる人と受け入れられない人と相当いるらしいですけどね。そこら辺は一種のプロセスが必要なんでしょうけれど、でも質保証っていうのは何を求めているかということを大学の先生に汲み取ってもらうのが非常に重要なところだと思います。

前田 そこの意識改革が一番難しいのかなという気がしますが、大学教育の質というものを外から見たとき、これはいい大学だなあっていうようなものを石塚さんはどんなところで見ていきますか。

石塚 大学教育の質をどういう要素で見るかということですか。

前田 そうですね。例えば教育研究でトップといわれているような大学はいい大学というイメージはありますよね。今もっと実質中身きちんとした力をつけて出すということをしていかなければいけないという話とか、職業教育に力を入れていかなきゃ今はダメだというお話もありました。そう

いうところというのは外から見て魅力ある大学と捉えられているんでしょうか。

石塚 受験生の側では、公開情報をもとに魅力ある大学を探す動きも見られます。大学のホームページを見ると、学部・学科の学生数や教員数、どんな専門分野の先生がいるかなど、ある程度分かります。忙しい受験生の代わりに保護者が調べて、学ぶ上でどこの大学が充実しているかを比較して出願先を考える、そうした例があります。ただ、最近は就職実績に関心が集まりがちです。学生や保護者にとって良い大学とは、最大公約数でいくと、就職実績に落ち着くようです。

▶大学の質を測定する手法

前田 大学の質を測定する手法というようなことに少し入っていきたいと思うんですけれど、大学が多様化すればするほど質がいいかどうかっていうのはどうやって見ていくんだろうという問題も出てきます。大学はそれを社会に対してアピールしないといい学生を集めることができないと思うんです。受験予備校が出してくれるような情報ではない、どんな情報が多様化する大学の中で出せるのか、それはどういう自分の質に対する証拠を基にそういうことをやっていけるようになるのかという辺りについて、お話をお聞かせ頂きたい。里見課長はどういうことを大学に望みますか。

里見 外形的に教育の質を見る方法として、文部科学省では国公私立大学に対して大学改革状況調査を毎年実施しています。シラバスをちゃんと作っていますか、GPAを取り入れていますか、FDを実施していますか、授業評価を入れていますか、といったような調査です。こうした取り組みは、カリキュラムをきちんと作って学生に付加価値をつけていくのに必要

なツールとして使うべきものですので、シラバスを作ったから質が保証されていると単純に言えるようなものでは、本来ないんだと思います。ただ文部科学省では、本質的な付加価値をつけさせるようなカリキュラム作りを大学に一々指導する方法を持っていません。こうあるべきだという質を測定する手法というのは、それぞれの大学が、自分たちはどういう学位を出す機関であって、ここまで満たせば学位を出すということを明確にし、自らのカリキュラムの効果を測定できるような形を整えるというのが原則なのではないかと思います。

前田 アメリカでは連邦政府が間接的にではあれ、それを大学にいろいろ要請していますけれど、文部科学省としてはそういうようなことは大学自身がきちんと考えることだと考えているということですか。

里見 今はそういう考え方です。アメリカで行われているように、競争的資金を配分できるのは、情報公開をし、アクレディテーションをきちんと受けている大学でなければいけないというように連動させると効くだろうとは思います。ただ、今はそういう考え方はとっていませんので、大学の本質的な在り方として、自ら教育の質をきちんと高めるということが重要ではないかと思います。

金子 もし学習の成果が何かのテストみたいなもので測定できれば話は分かりやすいですね。一時そういった議論がかなりあって、アメリカでもある程度やられていましたし、OECDのAHELO（高等教育における学習成果評価プロジェクト）があります。しかし私は専門家として入っていましたが、結局そのままでは使いものにならない、成果をそのまま測定するということは非常に難しい、ということが分かってきたと思います。

やはり大学が何を意図するかということが非常に重要だと思います。どういう子に対して、どういう狙いで教育するのか。学生だってものすごく

いろんな人がいて、入試で意欲を測るとかいうけれど、私はあまりそれに賛成ではなくて、意欲の低い子に意欲をつけてそういう子のために丁寧に教育する大学だってあってもいいと思います。

さらに重要なのはどれくらいのインプットを学生のためにかけているのかです。自明みたいですけれど自明ではない、たとえば教員一人当たりの学生数です。これはものすごく差があるんです。某有名私立大学の例を取れば、商学部は教員一人当たりの学生数は50人で、法学部が60人。有名な大規模大学ほど数値が大きい。ところが中規模以下の大学では、教員一人当たりの学生数もあまり多くないし、教育改革をやっている率はむしろそっちの方が高いんですね。

日本の大学というのは戦後、特に60年代拡張期に急速に大きくなりました。大学全体の構造を考えずに、それぞれの学部が巨大化していったので、一学部で8000人などという大学があるわけです。こんなのどうやって改革していいのか、私は実はよく分かりません。いずれにしても客観的な指標は重要で、もう一回そこに戻って見直す必要があると思います。例えば教員一人当たり学生数といった基本的なこと、さっき石塚さんが言っておられましたが、そういう基本的な情報を比べることは非常に重要です。政府は情報公開のために「大学ポートレート」を作ることになっていますが、そうした面では不十分だと思います。何か自明のように思われていますが、基本的な教育条件の指標が実は相当に意味がある。

前田 教員一人に学生何人ということが大事だと私も感じます。特に4年生になった学生を、責任を持って送りだす側の教員が学生を何人持つのか、この数字が大事じゃないかと前から思っていました。小さい大学にしか入れなかったっていう思いを持った学生が丁寧に教育をされても、何となく負い目を持ったまま卒業していく、この辺りがなかなか払拭できない難しいところだと感じています。

石塚 設置認可する時に、前例に引きずられて、そういったところにあまり手がつけられていないのではありませんか。大学設置基準について、単なる外形基準というスタンスではなく、教育の本質に立ち戻って考える必要があると思います。

前田 例えば私も評価機関にいたものですから、設置基準が変わった時に評価の在り方がガラッと変わって、ものすごく戸惑った経験をしているんです。今後認証評価機関で何か役割として担っていけるというようなことがあるかどうか、その辺はいかがでしょうか。何かもし期待されることがあれば。里見課長いかがですか。

里見 その大学が一体何のために設立されて、その目的をちゃんと果たせているのかというのは、やはりその個別の大学ごとに見ていかないといけないと思います。設立された後の取り組みにもきちんとした評価を与えていくというのは非常に重要な仕組みだと思っています。ある意味文部科学省で今まで行ってきた質保証の仕組みの大きな転換期だと思っているんです。中教審で、今そういう議論を始めて頂いているんですけれども、新しい学部、学科を設置した時にはアフターケアという形で4年間しっかり見ていきましょうという仕組みがありますが、それが4年間で終わってしまうところが問題です。きちんとその後も見ていくような仕組みがなければ大学の質保証というのは本来的な意味ではできないというのはその通りで、それには認証評価機関の役割というのは非常に大きいと思います。

前田 金子先生如何ですか。

金子 私はまず最初に設置基準はもう考え直した方がいいと思います。学部、学科の枠でやっているので無理があります。考えてみると設置基準はアメリカから輸入したみたいに言われていますが、学部学科の枠で作って

いるのはむしろ日本なので、アメリカにはないわけですから、非常に日本的に変形してきているものです。日本的な大学教育のあり方が問題になっているのですから、根本的に見直す必要がある。

　もう一つは情報公開というか、客観的なデータベースがない。例えば同じ専門分野だったら、先ほどの教員一人当たりの学生数なんかを横並びにした統計がないために、判断の基準があまりないんですよね。そういう意味では少なくとも外形基準は横並びで公開されるべきだと思いますね。もう一つは、国立教育政策研究所と日本学生支援機構が共同で学生調査をやりましたが、少なくとも学生が大学についてどの程度満足しているのかとか、どのくらいの学習時間をかけているのかということについては、全国調査によって全大学について一定の調査が行われる必要がある。そのデータそのものを一般に公開するのはかなり抵抗があるかもしれないけれど、少なくとも認証評価機関はそれは一応見ることができるようにすることは必要だと思いますね。アメリカの認証評価もそういうデータをもってやっているわけで、それがないと本来の質的保証はできません。少なくとも認証評価機関がある程度の学生の学習行動についての客観的なデータを比較できる仕組みを持つことが必要だと思いますね。データである程度柔軟に比較できる基礎を作ることが不可欠です。

前田　石塚さんは、他にどんなデータが出てきてほしいと思われますか。

石塚　留年率とか中退率とかですね。メディアがデータの公開を求めると、大学側の反発を受けますが、それでも多くの大学が出してこられます。社会の側からこういうものを公開して下さいと、大学に言い続けることは大事ですね。先ほどから話題になっている教員一人当たりの学生数、「ST比」とも言われますけれど、これなんかは本当に基本で、広く社会に知らせた方がいいと思っています。

▶大学教育の質保証の国際的通用力を担保するための方策

前田 最近、文部科学省が政策誘導といいますか、スーパーグローバルのように一定の方向を目指してほしいということでお金を出していると思うんです。こういうような方向性は文部科学省としては手応えを感じていますか。

里見 日本の大学政策を考える上で、グローバルに世界を目指して頑張ってほしい大学と、それから地域で人材をきちんと育ててほしいというような大学と、それぞれを大学の特色づくりということで推進してきています。その中で今回はスーパーグローバル大学を採択したわけです。各大学にとっては、自分たちの大学がグローバルになるためにはどういう取り組みをするのかという宣言でもありますから、そういう取り組みがもつ効果というのも当然意識しています。他にも、例えば大学教育改革加速プログラム（AP）や地（知）の拠点整備事業（COC）のように教育改革の取り組みに競争的に配分するプログラムがありますので、こうしたいろいろなプログラムがその大学の目指す方向性に合った形で提供されていくということが大学の特色づくりに役に立つのではないかと思っています。

前田 特色あるプログラムを提供するところにお金をつけていくという形にならざるを得ないですね、今の政策の動向からすると。なかなか難しいと思いますが。

里見 そうですね。各大学の弱いところは、各大学で埋めてもらった上で、特色づくりを支援するという構造になっています。

前田 日本の大学がこれから国際的にも通用していかなければいけないと

いう、国内だけでなくそちらも大きな問題があると思うんですけれど、今そのために日本の大学にとって弱い点、これからもっと強くしていかなければいけない点というのは、どういうところだとお考えですか。

里見　一言で言うと、やはりきちんとしたカリキュラムを編成し、それをきちんと提供するという意味での教育力ですね。研究の面においては正直言って、世界的に遜色があるとは思っておりません。一方で教育の面においては、日本語で授業をしているということがあり、かつ教科書がほとんどの分野で日本語であるがために、国際通用力ということを一から意識してやらないといけない。例えば先ほどの外国の大学とのダブルディグリーや単位互換ということでも、外国の大学と協定を結んで、さあ単位互換しましょうといった時に、あなたの大学の授業のやり方では同じ単位は認められないというふうに言われてしまうという実態が現実に起きているわけです。国際的なスタンダードで大学教育はどう行われているのかという観点から今の日本の大学教育を見直していく。ここがまだまだ努力する余地のあるところかなという感覚を持っています。

前田　個々の大学のレベルからすると、そこまで引き上げるのはなかなか難しいように思いますが、金子先生如何でしょうか。

金子　授業がどの程度のものであるかが問題ですが、グローバル化については二つあると思います。一つは学生を外に出す方の問題です。大学の内部で、4年間の段階に応じたカリキュラムとか学習のデザインが体系的にできていないのに、短期留学で1年くらい学生を出すとすれば、大学4年間の一貫性がなくなる。一貫したカリキュラムの中に外国での学修経験を位置づけることが必要です。

　もう一つは受け入れが非常に重要だと思います。今の日本の学生の学習時間を調査しますとアメリカと比べると格段に少ない。これは学位の国際

互換性とも関わるわけです。またアメリカでは、たとえば学士課程で法学の勉強をしたい学生は、非常に少ないわけですから、全学的な受け入れのためのカリキュラムみたいなものを作っておかないといけない。そういう点で日本の大学の学部が分かれている構造自体が問題。学部を越えて、全学的にカリキュラムを作れる構造を作っておかないと外からの学生を大量に受け入れるのは難しい。

　もう一つは授業に対する態度ですね。日本の先生は授業で難しいことをやって、ゼミや研究室で仲良く集団的に指導をするという指向が非常に強い。ただ全ての学生がゼミや研究室に属しているわけではない。またゼミの実態は仲よしクラブになっていて、あまり勉強させるところにはなってない。授業自体である程度勉強させる仕組みを作っておかないと、学生を一定数以上入れることは難しい。今までは、大学院の留学生を受け入れていたから、大学院は小規模講座みたいなものがよかった面も確かにあるんです。でも学士課程の学生をある程度の数入れるためには、その方法は効かない。カリキュラムをきちんとしておき、そしてそれに沿ってきちんと教え、勉強させるという態勢を作っておかないと難しい。国際化がそういう意味では、日本の大学のあり方を変える薬になるというところもあります。

前田　国際通用性について、もう一つ伺いたいのは、学生が最近あんまり留学したがらないっていうのがありますよね。

石塚　それは学生に限らず、企業の若手社員も海外勤務を嫌がるという話を耳にします。若者が海外に出たがらないことは、社会全体の問題として捉える必要があるでしょう。一方、留学生の受け入れを増やすとしても、学士課程では、圧倒的多数を占める日本人学生を念頭に置いて改革を進めていれば、ある種の教育的普遍性は生まれてくると思うのです。たとえば、学術的な文章を書くトレーニングを積ませた上で、アメリカではあまりや

らない卒論に取り組ませるとか。アメリカの大学も、留学生を念頭にカリキュラムを組んでいるのではなく、国内の学生向けに行っている教育が海外でも評価され、留学生が集まってきているのですから。ただ、日本の大学が留学生を増やしていくには、いずれ学部の壁や細分化した学科などの問題は避けて通れないでしょう。

▶大学教育の質保証と学長のリーダーシップ

前田 そうするとやはり文科省の立場からすれば、改革しやすくという枠組みを作ったり支援する仕掛けを作ったりされているわけですが、一方、金子先生のお話の中にはやっぱり旧態依然としてやっているものを組み替えていかなければいけないというお話がありました。ではどうやったらそういう改革ができるのかという時に、一つは学長のリーダーシップが問題になってくると思います。それが教育の質保証にどういうふうに力が発揮できるのか。金子先生がおっしゃったように改革していくためのエンジンとは何なんだろうか。ヒントが提供できればいいのですが。その辺はいかがでしょうか。

里見 大学教育の質保証と、今回の学校教育法の改正で副学長の権限の強化とか、教授会の役割の明確化とか、学長がリーダーシップを発揮できる体制づくりをしようとしていることとを直接に結び付けて議論するのはちょっと難しいですね。ただ、今までは、大学教育は学部や研究科のものになっていて、大学全体としてどう教育を提供していくのかという考え方が十分出来ていなかったということはあるかと思います。私たちの大学はこういう人材を養成する大学だという大目標があって、カリキュラムが組まれていくとなれば、学長のリーダーシップが重要な役割を果たすと思っています。カリキュラムをその学部のリソースだけで組むのか、あるいは

大学全体のリソースを使いながらカリキュラムを組み上げていくのかということにも、学長のリーダーシップが非常に重要ですので、そういった意味で教育面における学長の役割には非常に期待しているところです。

金子 数年後にはまた18歳人口の減少が始まるわけで、これは大学のあり方がかなりダイナミックに変わるということを前提にしていかなければいけないと思います。一番目は明らかに質保証システムが重要で、加えて情報公開、公正な競争環境は非常に重要だと思うんですね、さっき申し上げたように、いい質を目指した競争が行われる環境を作るのがまず最大の課題だと思いますね。

　二番目はそれを受けて学内で自分たちの特色を出した上でいかにいい教育をしていくのかです。それには今課長がおっしゃったように、学内のガバナンスが問題です。私は、学長のリーダーシップだけを強調し過ぎじゃないかと思うんです。学内の意思決定、執行のメカニズムの全体が問題です。特に「学部と教育プログラムとの関係」が重要だと思います。今は、教員の所属組織と、学生の教育組織が、全く一元的に学部という単位になっちゃっているところが大きな問題なので、そこの基本構造を変えていくことが必要です。設置基準のあり方がさっき問題になりましたけれど、そこもブレーキになっているところがあるわけで、そこら辺を少し考えていくことは必要だと思います。

　もう一つ重要なのは国際化だと思います。国際化しながら自分が変わっていくっていうか、自分が変わっていけるから国際化できる。そういう関係をつくるのが重要だと思いますね。

石塚 大学は組織として、教育について評価を得る努力をしていかなければなりません。個々の教員にすると、教育は研究の二の次になりがちなので、学長のリーダーシップも必要になるでしょう。ただ本来は、教員が学生にとって最善の教育を考えて試行錯誤を繰り返し、その中で優れた教育

実践を学長がリーダーシップを発揮して広めていくのが理想的な姿でしょう。大学の改革に社会も注視しています。教職員も多忙感が増しているでしょうが、「被害者意識」に染まらず、協力して取り組んでいってほしいと思います。

前田 今日は高等教育政策というマクロ的視点から、日本の大学の教育力を上げていくための枠組みの整備や国際的通用性の確保などについて、ミクロ的な視点では、個々の大学が多様に展開することが期待される教育の質を丁寧に見ていく必要性などについて、幅広くご見解を提示していただきました。お話を伺って、定着してきたかに見える質保証システムが、まだ教育の「質」というところに本当に切り込めていない、そこに切り込まなければ大学教育の質保証はできないのだとあらためて気づかされました。たとえば、学位授与方針、教育課程の編成・実施方針、学生の受け入れ方針という三つのポリシーを設定しているかどうかのチェックは簡単にできますが、それらが相互に関連をもってきちんと機能しているかどうかを認証評価でどこまでみているのだろうか、乱暴な言い方をすれば、見て見ぬふりをしているのではないかということです。折りしも、18歳人口の更なる減少期がやってくることもあり、確かな学力をつけた学生を送り出すためには、今日のお話にあったようなことを着実に実践していくことが質保証につながるのだと思いました。

　本日は3人の方からそれぞれのお立場で大変有意義なお話をしかも率直にお聞かせ頂くことができました。どうもありがとうございました。

資料編

大学の質評価に関わる 重要な答申等

田代　守　　栗林　泉　　松坂顕範
Tashiro Mamoru　Kuribayashi Izumi　Matsuzaka Akinori
大学評価・研究部　大学評価・研究部　大学評価・研究部

1 中央教育審議会 「我が国の高等教育の将来像（答申）」 平成17年1月28日

　21世紀に入ると、新しい知識・情報・技術が社会のあらゆる領域で飛躍的に重要性を増す、いわゆる「知識基盤社会」が到来し、国際社会におけるグローバル化の進展等、高等教育もさまざまな競争にさらされるようになりました。「我が国の高等教育の将来像（答申）」（以下「将来像答申」という。）は、そうした状況を踏まえて、中長期的に想定される我が国の高等教育の将来像とそれに向けて取り組むべき施策を示したものです。

　将来像答申は、各大学が、それぞれの機能と個性・特色の明確化（いわゆる機能別分化[※1]）を図るべきであるとし、それとともに、学習者の保護や教育研究の国際的通用性を保証するため、大学における教育の質の保証が一層重要な課題となることを指摘しました。

　また、本来保証されるべき「高等教育の質」を、教育課程の内容・水準、学生・教員・研究者の質、教育・研究環境の整備状況、管理運営方式等の総体を指すものとし、その質の保証にあたっては、まず、個々の大学自身が教育・研究活動の改善と充実に向けて不断に努力する必要があるとしました。

加えて、高等教育の将来像を考える上では、初等中等教育との接続にも配慮が必要であると指摘し、各大学に対して、入学者の受け入れ方針（アドミッション・ポリシー）を明確にして適切な入学者選抜を実施し、さらには、教育課程に関する方針（カリキュラム・ポリシー）、学位授与に関する方針（ディプロマ・ポリシー）を明確にして、教育課程の改善や「出口管理」の強化を図ることの重要性に言及しました。

　さらに、各大学は、教育内容・方法や財務状況等に関する情報や認証評価結果等を積極的に開示し、社会に対する説明責任を果たすとともに質の保証に努めていく必要があること、評価結果等は各大学の個性・特色を伸ばす観点から、各種資源の効果的な配分に適切に反映するなど、積極的に活用することが重要であることを指摘しました。

　教育の充実に当たっては、国際的通用性のある高等教育の課程修了にかかる知識・能力の証明としての学位の取り扱いに注目し、従来の学部や研究科といった組織中心の考え方から、学位を与える課程（プログラム）中心の考え方に再整理する必要性を提起しました。そして、大学等の設置認可や認証評価等における審査内容・視点の明確化に加え、教養教育や専門教育等のあり方の総合的な見直しを通じて、多様で質の高い学士課程教育を実現すべきであると強調しました。

　将来像答申においては、大学の機能別分化の必要性に言及したこと、質保証の第一義的責任が各大学自身にあると強調したこと、及び学位を与える課程の質に焦点を当てたこと等が、これ以降の中央教育審議会における議論への連関性が認められ、注目されます。

> ※1　将来像答申では、大学は全体として、①世界的研究・教育拠点、②高度専門職業人養成、③幅広い職業人養成、④総合的教養教育、⑤特定の専門的分野の教育・研究、⑥地域の生涯学習機会の拠点、⑦社会貢献機能、等の機能を併有するものとし、それぞれの機能の比重の置き方により、各大学は緩やかに機能別に分化していくとの見解を示しています。

「我が国の高等教育の将来像(答申)」(抜粋)

我が国の高等教育の将来像(答申)
第1章 新時代の高等教育と社会

　これからの「知識基盤社会」においては、高等教育は、個人の人格の形成の上でも、社会・経済・文化の発展・振興や国際競争力の確保等の国家戦略の上でも、極めて重要である。国際競争が激化する今後の社会では、国の高等教育システムないし高等教育政策そのものの総合力が問われることとなる。国は、将来にわたって高等教育につき責任を負うべきである。

　特に、人々の知的活動・創造力が最大の資源である我が国にとって、優れた人材の養成と科学技術の振興は不可欠であり、高等教育の危機は社会の危機でもある。我が国社会が活力ある発展を続けるためには、高等教育を時代の牽(けん)引車として社会の負託に十分にこたえるものへと変革し、社会の側がこれを積極的に支援するという双方向の関係の構築が不可欠である。

第2章　新時代における高等教育の全体像
3　高等教育の多様な機能と個性・特色の明確化

　新時代の高等教育は、全体として多様化して学習者の様々な需要に的確に対応するため、大学・短期大学、高等専門学校、専門学校が各学校種ごとにそれぞれの位置付けや期待される役割・機能を十分に踏まえた教育や研究を展開するとともに、各学校種においては、個々の学校が個性・特色を一層明確にしていかなければならない。

　特に大学は、全体として
　①世界的研究・教育拠点、②高度専門職業人養成、③幅広い職業人養成、④総合的教養教育、⑤特定の専門的分野(芸術、体育等)の教育・研究、⑥地域の生涯学習機会の拠点、⑦社会貢献機能(地域貢献、産学官連携、国際交流等)
等の各種の機能を併有するが、各大学ごとの選択により、保有する機能や比重の置き方は異なる。その比重の置き方が各機関の個性・特色の表れとなり、各大学は緩やかに機能別に分化していくものと考えられる。(例えば、大学院に重点を置く大学やリベラル・アーツ・カレッジ型大学等)
　18歳人口が約120万人規模で推移する時期にあって、各大学は教育・研究組織

としての経営戦略を明確化していく必要がある。

(3) 学習機会全体の中での高等教育の位置付けと各高等教育機関の個性・特色

高等教育の将来像を考える際には、初等中等教育との接続にも十分留意する必要がある。その際、入学者選抜の問題だけでなく、教育内容・方法等を含め、全体の接続を考えていくことが必要であり、初等中等教育から高等教育までそれぞれが果たすべき役割を踏まえて一貫した考え方で改革を進めていく視点が重要である。また、より良い教員養成の在り方についても検討していく必要がある。

このため、各大学は、入学者受入方針（アドミッション・ポリシー）を明確にし、選抜方法の多様化や評価尺度の多元化の観点を踏まえ、適切に入学者選抜を実施していく必要がある。また、教育の実施や卒業認定・学位授与に関する方針（カリキュラム・ポリシーやディプロマ・ポリシー）を明確にし、教育課程の改善や「出口管理」の強化を図ることも求められる。

生涯学習との関連でも、高等教育機関は履修形態の多様化等により、重要な役割を果たすことが期待される。

4 高等教育の質の保証

高等教育の質の保証の仕組みとしては、事後評価のみでは十分ではなく、事前・事後の評価の適切な役割分担と協調を確保することが重要である。設置認可制度の位置付けを一層明確化して的確に運用するとともに、認証機関による第三者評価のシステムを充実させるべきである。

個々の高等教育機関が質の維持・向上を図るためには、自己点検・評価がまずもって大切である。

また、教育内容・方法や財務状況等に関する情報や設置審査、認証評価、自己点検・評価により明らかとなった課題や情報を当該機関が積極的に学習者に提供するなど、社会に対する説明責任を果たすことが求められる。

第3章 新時代における高等教育機関の在り方
1 各高等教育機関の教育・研究の質の向上に関する考え方
(1) 大学

大学は、学術の中心として深く真理を探求し専門の学芸を教授研究することを本質とするものであり、その活動を十全に保障するため、伝統的に一定の自主性・自律性が承認されていることが基本的な特質である。

　このような特質を持つ大学は、今後の知識基盤社会において、公共的役割を担っており、その社会的責任を深く自覚する必要がある。

　国際的通用性のある大学教育または大学院教育の課程の修了に係る知識・能力の証明としての学位の本質を踏まえつつ、今後は、教育の充実の観点から、学部や大学院といった組織に着目した整理を、学士・修士・博士・専門職学位といった学位を与える課程中心の考え方に再整理していく必要があると考えられる。

2 中央教育審議会「学士課程教育の構築に向けて（答申）」平成20年12月24日

　将来像答申を踏まえて、平成20年7月に閣議決定された「教育振興基本計画」では、事前評価の的確な運用や認証評価等の推進、学士課程の学修成果として共通に求められる能力の養成に取り組む等の政府方針が示されました。この「学士課程教育の構築に向けて（答申）」（以下「学士課程答申」という。）は、グローバルな知識基盤社会や学習社会を背景に、大学教育においては、学問の基本的な知識を獲得するだけでなく、知識の活用能力や創造性、生涯を通じて学び続ける基礎的な能力を培うことが重要だとして、学士課程教育の構築が我が国の将来にとって喫緊の課題であるという認識のもと、前述の方針を具体化する上で必要な取り組みを提起したものです。

学士課程答申は、国際的な大学教育改革の潮流が、学生が修得すべき学修成果を明確化することにより、「何を教えるか」よりも「何ができるようになるか」に力点を置くようになっていることを踏まえ、各大学に、①大学全体や学部・学科等の教育研究上の目的、学位授与方針を定めること、②その達成に向けた教育課程を編成するとともにその実施に努めること、③適切な入学者受け入れ方針を立てること（いわゆる「3つの方針」の明確化）を求めました。
　その上で、各専攻分野を通じて培う学士力（学士課程共通の学修成果に関する参考指針）を示すとともに、将来的には分野別の質保証を行うべく枠組みづくりを促進するよう提言しています。

　質保証に関連しては、設置認可制度や評価制度等の的確な運用、分野別質保証も視野に入れた認証評価第2期に向けた準備、各大学の個性化・特色化を促進する観点から機能別分化に即した大学間連携の促進、学士課程教育の構築に向けて大学団体が存在感を発揮していくこと等について、それぞれの必要性を説いています。特に、大学教育の質の維持・向上、学位の水準の保証は、一義的にはそれらを授与する大学の責任でなされる必要があることから、各大学が自己点検・評価を充実・深化させるよう求めています。そして、各大学において、ＰＤＣＡサイクルが機能し、内部質保証体制[※2]が確立しているか、情報公開など説明責任を履行しているか等の観点を、第三者評価において一層重視する必要があると強調しました。

　学士課程答申においては、授与する学位に相応しい学修成果（ここでは「学士力」）を学生に身に付けさせることの重要性に着目するとともに、第三者評価において各大学の内部質保証体制の確立に視座を置くことの重要性を謳った点が注目されます。

※2 内部質保証とは、大学が自らの諸活動について、教育その他の取り組みの質を保証するとともに、質の向上を図るために必要な取り組みを行い、それらの取り組みを自らの責任で説明・証明していくための学内の恒常的かつ継続的なプロセスのことを言います。

「学士課程教育の構築に向けて（答申）」（抜粋）

第2章　学士課程教育における方針の明確化
第1節　学位授与の方針について～幅広い学び等を保証し、21世紀型市民にふさわしい学習成果の達成を～

具体的な改善方策
【大学に期待される取組】

- ◆ 大学全体や学部・学科等の教育研究上の目的、学位授与の方針を定め、それを学内外に対して積極的に公開する。
- ◆ 学位授与の方針の策定に当たって、ＰＤＣＡサイクルが稼動するようにする。
- ◆ 学位授与の方針等に即して、学生の学習到達度を的確に把握・測定し、卒業認定を行う組織的な体制を整える。
- ◆ 大学の実情に応じ、学位の水準を確保する観点から、学位授与の方針の策定、学位審査体制の確立に当たって、それらの客観性を高める仕組みについて検討する。
- ◆ 学位に付記する専攻分野の名称については、学問の動向や国際的通用性に配慮して適切に定める。

【国によって行われるべき支援・取組】

- ◆ 国として、学士課程で育成する21世紀型市民の内容（日本の大学が授与する学士が保証する能力の内容）に関する参考指針を示すことにより、各大学における学位授与の方針等の策定や分野別の質保証枠組みづくりを促進・支援する。

各専攻分野を通じて培う学士力
～学士課程共通の学習成果に関する参考指針～

１．知識・理解
　専攻する特定の学問分野における基本的な知識を体系的に理解するとともに、その知識体系の意味と自己の存在を歴史・社会・自然と関連付けて理解する。
（１）多文化・異文化に関する知識の理解
（２）人類の文化、社会と自然に関する知識の理解

2．汎用的技能
知的活動でも職業生活や社会生活でも必要な技能
（1）コミュニケーション・スキル
　日本語と特定の外国語を用いて、読み、書き、聞き、話すことができる。
（2）数量的スキル
　自然や社会的事象について、シンボルを活用して分析し、理解し、表現することができる。
（3）情報リテラシー
　情報通信技術（ＩＣＴ）を用いて、多様な情報を収集・分析して適正に判断し、モラルに則って効果的に活用することができる。
（4）論理的思考力
　情報や知識を複眼的、論理的に分析し、表現できる。
（5）問題解決力
　問題を発見し、解決に必要な情報を収集・分析・整理し、その問題を確実に解決できる。

3．態度・志向性
（1）自己管理力
　自らを律して行動できる。
（2）チームワーク、リーダーシップ
　他者と協調・協働して行動できる。また、他者に方向性を示し、目標の実現のために動員できる。
（3）倫理観
　自己の良心と社会の規範やルールに従って行動できる。
（4）市民としての社会的責任
　社会の一員としての意識を持ち、義務と権利を適正に行使しつつ、社会の発展のために積極的に関与できる。
（5）生涯学習力
　卒業後も自律・自立して学習できる。

4．統合的な学習経験と創造的思考力
これまでに獲得した知識・技能・態度等を総合的に活用し、自らが立てた新たな課題にそれらを適用し、その課題を解決する能力

- ◆ 将来的な分野別評価の実施を視野に入れて、大学間の連携、学協会を含む大学団体等を積極的に支援し、日本学術会議との連携を図りつつ、分野別の質保証の枠組みづくりを促進する（第4章で説明）。
- ◆ OECDの高等教育における学習成果の評価（AHELO）の内容・方法が適切なものとなるよう、関与・貢献していく。
- ◆ 学習成果の測定・把握や、学習成果を重視した大学評価の在り方などについて、調査研究を行う。
- ◆ 学位に付記する専攻名称の在り方について、一定のルール化を検討するとともに学問の動向や国際的通用性に照らしたチェックがなされるようにする。
- ◆ 産学間の相互理解を深め、連携を強化するため、関係者の対話の機会を設ける。
ルール化の検討に当たっては、日本学術会議や学協会等との連携協力を図る。また、英名表記の国際的通用性の確保に留意する。学部等の設置審査や評価に際しては、唯一単独の名称を用いる場合、関連する学問領域との関係について十分な説明を求め、必要に応じ、見直しを含め適切な対応を促す。

第4章　公的および自主的な質保証の仕組みの強化
6　大学団体等の役割

具体的な改善方策
【大学に期待される取組】
- ◆ 自己点検・評価のための自主的な評価基準や評価項目を適切に定めて運用する等、内部質保証体制を構築する。
- ◆ 組織における明確な達成目標を設定した上で、自己点検・評価を確実に実施する。
- ◆ 教育研究等に関する情報を、自ら主体的にインターネット等を通じて広く公表する。
- ◆ 複数の大学が教育活動を連携して行う大学コンソーシアムなど、大学間連携を進める場合、自己点検・評価に当たって、相互評価を活用することを検討する。

【国によって行われるべき支援・取組】
◆大学の最低要件を明確化する等の観点から、教員組織、施設・設備等に関し、大学設置基準等の見直しを進める。
◆第三者評価制度など評価システムの定着・確立に向け、必要な環境整備を進める。

◆大学別の教育研究活動等に関する基本的な情報を提供するデータベースを構築するなど、国内外への情報発信を強化する。
◆各大学が教育研究活動に関して一層積極的に情報提供を行うよう促す。
◆学習者保護の観点から、迅速かつ的確な対応を取り得る体制を整備する。
◆将来的な分野別評価の実施を視野に入れて、大学間の連携、学協会を含む大学団体等を積極的に支援し、日本学術会議との連携を図りつつ、分野別の質保証の枠組みづくりを促進する。

③ 文部科学省「大学改革実行プラン」 平成24年6月

　平成20年12月の学士課程答申における提言を受けて、各大学が取り組みを進めている中、文部科学省は、我が国が直面している課題や将来を見据え、大学が国民や社会からの期待に応えていくためには、より迅速かつ強力に大学改革を推進していく必要があるとして、「大学改革実行プラン」（以下「実行プラン」という。）を示しました。

　実行プランでは、大学改革の柱を「大学の機能の再構築」とそのための「大学ガバナンスの充実・強化」として、8つの基本的方向性に基づいた施策を示し、平成24年度から平成29年度までの間を3期に分け、段階を追ってこれを実行していくとしています。

　また、改革の柱である「大学ガバナンスの充実・強化」を図る上では、質保証が不可欠であると指摘し、評価を通して大学の質保証と向上を促すために、評価制度の抜本的改革を促進すると提言しました。具体的には、大学の多様性に応じた機能別評価の導入、学習成果を重視した評価等のあ

り方を挙げ、さらに、大学の特徴（教育力、研究力、地域貢献、国際性等）を明確にするための客観的指標の開発の必要性を指摘し、そのイメージを示しています。

　また、実行プランの遂行による目指すべき成果の1つとして、国民に対して大学の役割を明らかにすることを挙げていることから、データベースを用いた教育情報の活用・公表のための共通的な仕組みを構築（大学ポートレート）し、大学情報の公表を徹底するとしています。

　さらに、私立大学に対しては、教学・経営の両面からの質保証の徹底推進が必要であると指摘しました。そのための施策として、設置基準、設置認可、認証評価等の大学の質保証に関する取組みを一貫したものとすることや、経営上の課題を抱える大学に対して、早期に経営判断を求める措置を講じるなどの経営指導や支援を積極的に実施していくことを提言しました。これによって、社会からの信頼を得られる質の高い大学を保証するとともに、社会変化に対応できない大学等に対しては、解散命令等も含めた措置を検討していくとしています。

　そのほか、大学教育の質保証に関する取組みを一貫して請け負う、質保証支援のための新法人創設について言及されています。

「大学改革実行プラン」（抜粋）

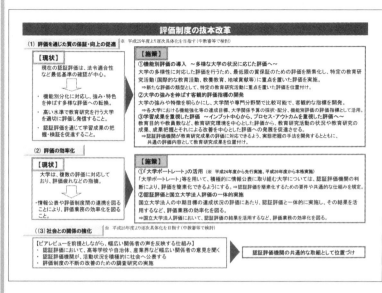

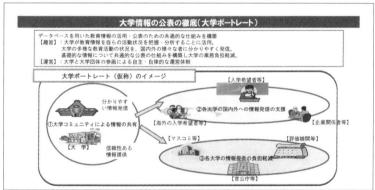

客観的評価指標の開発 1/2

◆趣旨
・大学の教育力、研究力、地域貢献、国際性などに関する強みを客観的に明らかにする指標を開発
・大学の強みや特徴を相対的に明らかにするために、大学間や専門分野間で比較可能なわかりやすい指標の表現方法等を開発
・各大学の取組の進展や伸び率等に着目した指標を開発

◆活用方法
＜大学＞
・各大学の機能強化等での達成目標・ベンチマークとして活用
＜国・評価機関＞
・大学関係予算（プロジェクトを含む）の採択・配分での活用
・機能別評価での評価指標や大学ポートレートに活用

客観的評価指標の開発 2/2

評価領域と指標のイメージ

◆研究（力）（分野の特性等に留意する必要あり）
① 研究業績
　○論文数、論文被引用シェア
　○国際共著論文数
② 研究資金・研究環境
　○競争的資金（科研費等）の獲得状況
　○大型研究費の受託状況
　▲研究支援スタッフの配置状況
　○研究者の流動性（他大学・研究機関への転出人数）
　○若手研究者の育成（若手教員、JSPS特別研究員の受入れ）
　×研究資源の共用状況
③ 産学連携
　○企業との共同研究、受託研究等の件数・金額
　○特許（出願数、取得件数、特許収入、ライセンス契約数）
　※これらの伸び率
　※特許など多様な研究成果に着目

◆教育（力）
① 教育環境
　○学生数/教員比率、学生/職員比率、学生/TA比率
　▲学生一人あたり教育経費
　▲学生（学修）サポートシステム
　○図書館の開館時間、サービス
② 教学システム・教育内容
　▲ナンバリング、シラバスの標準化・活用化、GPAの活用度等
　▲教育活動・経験（アクティブラーニングの実施状況、学修時間等
③ 教育成果
　×学生調査による教育実践の効果、学生による評価、学修時間等
　×就職状況
　　◇上位10の職種と学位プログラムの関連
　　◇企業による評価
　※これらの伸び率、改善状況

◆国際性
　○留学生数（割合）、外国人教員数（割合）
　○日本人学生の海外留学経験（全体、割合）（短期交流、大学院での留学等）
　○英語コースの開設数
　○海外大学とのダブルディグリーの実施状況（開設数、参加学生数）
　▲教員の海外経験割合、英語で教授できる教員数（割合）
　○国際共著論文数（教員一人あたり数）
　▲学生の英語力（TOEFL等のスコア）
　※これらの伸び率

◆多様性・流動性
　○留学生数（割合）、外国人教員数（割合）
　○大学院生の自校学部出身者の割合
　○教員の自校出身者の割合
　○女性教職員の数・割合（職種ごと）
　○障がいのある学生、教職員の数・割合
　○編入学生の数・割合
　※これらの伸び率、推移

◆地域貢献
① 地域人材輩出
　○地域の企業・施設・行政への就職状況（数・率）
　○地域でのインターンシップ・実習の実施状況
　×地元企業・自治体の満足度
　○地域の職業人向けコース等の開設状況、受講者実績　等
② 生涯学習・地域コミュニティ支援
　○公開講座等の開設状況、受講者実績
　○地域との協働による学修機会
　○地域における学生ボランティアの活動実績
③ 地域産業活性化への貢献
　○地元企業との共同研究の実施状況
　○地域復興センター等の有無及び活動実績
　※これらの伸び率

　▲：公表されたデータが無く、大学で改めて学内調査が必要なもの。
　×：調査データが存在しないもの。

大学の質保証の徹底推進【私立大学の質保証の徹底推進と確立（教学・経営の両面から）】

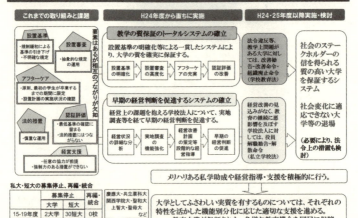

4 中央教育審議会 「新たな未来を築くための大学教育の 質的転換に向けて（答申）」 平成24年8月28日

　平成20年7月に閣議決定された「教育振興基本計画」では、大学に関し、平成20年度からの5年間において、特に重点的に取り組む事項として、教育力の強化と質保証、卓越した教育研究拠点の形成と国際化の推進等の施策を示し、中長期的な高等教育のあり方について結論を得るとされていました。「新たな未来を築くための大学教育の質的転換に向けて（答申）」（以下、「質的転換答申」という。）は、これを受けてとりまとめられたものです。また、質的転換答申を公表するおよそ2か月前に、文部科学省から大学改革実行プランが示されていることもあり、同プランの工程表も踏まえて施策を実行していくとしています。

　まず、ここで言う「質的転換」とは、生涯にわたって学び続ける力、主体的に考える力を持った人材の育成を目指し、これまでの教授中心の大学のあり方から、学生が主体的に問題を発見し、解を見出していく能動的学修（アクティブ・ラーニング）の場として、大学のあり方の転換を図ることを意味しています。また、学生には、授業の事前準備、事後展開を含めた、主体的な学修に要する総学修時間の確保が不可欠であるとし、教員には、教員と学生及び学生同士のコミュニケーションを取り入れた授業方法の工夫、その他、学修へのきめ細かな支援が必要だと指摘しました。

　注目すべきは、大学の質的転換を図るためには質保証が重要であるとした上で、学長のリーダーシップの下で、3つの方針や学修成果[※3]に係る評価の指針を設定し、指針に基づいた評価を実施して、その結果をもとに改善及び向上を図るという、一連の取り組みを組織的に実行することを重視した「全学的な教学マネジメント」の重要性を強調している点です。この背景の1つには、これまでの答申で示されている、学士課程教育をプログ

ラム（学位を授与する課程）として捉えるという考え方が十分に浸透していないことから、教員間の意識の共有や連携、体系的な教育課程の構築等において課題が生じ、大学改革が進展していないことにあると指摘しています。つまり、教学マネジメントを機能させて、適切な質保証を行い、求められる大学の役割を果たしていくためには、学士課程教育をプログラムとして捉え、設定した方針に基づいて構築されたプログラムの中で、個々の授業科目をどのように位置づけるかという観点が重要であるとしています。また、大学が学修成果を評価する際には、具体的な測定手法を用いて、これを可視化していくことを求めました。

さらに、今後の認証評価のあり方については、全学的な教学マネジメントが確立されていることを前提として、これまで以上に大学改革の実行性や学修成果を重視した内部質保証に焦点化した評価を行っていくことを求めています。

※3 質的転換答申では、大学での学びの本質は、授業時間とともに、授業のための事前の準備、事後の展開などの主体的な学びに要する時間を内在した単位制により形成される「学修」にあるとして、これまで「学習成果」としていた表現を「学修成果」として記しています。また、これ以降の答申でも、この表現が使用されるようになります。

「新たな未来を築くための大学教育の質的転換に向けて（答申）」（抜粋）

4．求められる学士課程教育の質的転換
（学士課程教育の質的転換）

　前述のとおり、我が国においては、急速に進展するグローバル化、少子高齢化による人口構造の変化、エネルギーや資源、食料等の供給問題、地域間の格差の広がりなどの問題が急速に浮上している中で、社会の仕組みが大きく変容し、これまでの価値観が根本的に見直されつつある。このような状況は、今後長期にわたり持続するものと考えられる。このような時代に生き、社会に貢献していくには、想定外の事態に遭遇したときに、そこに存在する問題を発見し、それを解決するための道筋を見定める能力が求められる。

生涯にわたって学び続ける力、主体的に考える力を持った人材は、学生からみて受動的な教育の場では育成することができない。従来のような知識の伝達・注入を中心とした授業から、教員と学生が意思疎通を図りつつ、一緒になって切磋琢磨し、相互に刺激を与えながら知的に成長する場を創り、学生が主体的に問題を発見し解を見いだしていく能動的学修（アクティブ・ラーニング）への転換が必要である。すなわち個々の学生の認知的、倫理的、社会的能力を引き出し、それを鍛えるディスカッションやディベートといった双方向の講義、演習、実験、実習や実技等を中心とした授業への転換によって、学生の主体的な学修を促す質の高い学士課程教育を進めることが求められる。学生は主体的な学修の体験を重ねてこそ、生涯学び続ける力を修得できるのである。

　学生の主体的な学修を促す具体的な教育の在り方は、それぞれの大学の機能や特色、学生の状況等に応じて様々であり得る。しかし、従来の教育とは質の異なるこのような学修のためには、学生に授業のための事前の準備（資料の下調べや読書、思考、学生同士のディスカッション、他の専門家等とのコミュニケーション等）、授業の受講（教員の直接指導、その中での教員と学生、学生同士の対話や意思疎通）や事後の展開（授業内容の確認や理解の深化のための探究等）を促す教育上の工夫、インターンシップやサービス・ラーニング（※）、留学体験といった教室外学修プログラム等の提供が必要である。

　学生には事前準備・授業受講・事後展開を通して主体的な学修に要する総学修時間の確保が不可欠である。一方、教育を担当する教員の側には、学生の主体的な学修の確立のために、教員と学生あるいは学生同士のコミュニケーションを取り入れた授業方法の工夫、十分な授業の準備、学生の学修へのきめの細かい支援などが求められる。

※「用語集」を参照（以下同じ）。

6．学士課程教育の質的転換への方策

（体系的・組織的な教育の実施）

　学士課程教育の質的転換への好循環のためには、質を伴った学修時間の実質的な増加・確保が不可欠である。ただし、この点の改善は、学生に向かって「学修

時間を増やしなさい」と呼びかけることだけでは実現しない。学生の学修時間の増加・確保には、学生の主体的な学修を促す教育内容と方法の工夫が不可欠である。すなわち、大学の教員が、学生の主体的な学修の確立は当該学生にとっても社会にとっても必須であるという意識に立って、主体的な学修の仕方を身に付けさせ、それを促す方向で教育内容と方法の改善を行うこと、またそのような教員の取組を大学が組織的に保証することが必要である。

したがって、学修時間の実質的な増加・確保は、以下の諸方策と連なって進められる必要がある。

・教育課程の体系化

大学、学部、学科の教育課程が全体としてどのような能力を育成し、どのような知識、技術、技能を修得させようとしているか、そのために個々の授業科目がどのように連携し関連し合うかが、あらかじめ明示されること。なお、大学としての学位授与の方針に対して授業科目数が過多であったり、科目の内容が過度に重なっている場合は、その精選の上に体系化が行われる必要がある。また、科目を履修する学生をはじめ、当該大学、学部、学科等が提供している教育課程の内容に関心を持つ全ての人に教育課程の体系が容易に理解できるように、科目間の関連や科目内容の難易を表現する番号をつける（ナンバリング）など、教育課程の構造を分かりやすく明示する工夫が必要である。

・組織的な教育の実施

体系的な教育課程に基づいて、教員間の連携と協力による組織的教育が行われること。往々にして大学の授業（授業科目）は個々の教員の責任に委ねられ、教員の専門性に引きつけた授業科目の設定が行われてきたが、学士課程教育の質的転換のためには、教員全体の主体的な参画による教育課程の体系化と並んで、授業内容やその実施に関わる教員の組織的な取組が必要である。

・授業計画（シラバス）の充実

学生に事前に提示する授業計画（シラバス）は、単なる講義概要（コースカタログ）にとどまることなく、学生が授業のため主体的に事前の準備や事後の展開などを行うことを可能にし、他の授業科目との関連性の説明などの記述を含み、授業の工程表として機能するように作成されること。

・全学的な教学マネジメントの確立

教員の教育力の向上を含む諸課題の発見と解決を進めるため、学長のリーダーシップの下、全学的な教学マネジメントを確立し、大学教育の改革サイクルを展

開させること。

　このように、学士課程教育を各教員の属人的な取組から大学が組織的に提供する体系立ったものへと進化させ、学生の能力をどう伸ばすかという学生本位の視点に立った学士課程教育へと質的な転換を図るためには、教員中心の授業科目の編成から学位プログラム中心の授業科目の編成への転換 *1 が必要である。そのためには、教学システムの再構築やそれを支援するスタッフの養成や確保が必要となる。
　このような全学的な教学マネジメントの確立のためには、学長のリーダーシップによる全学的な合意形成が不可欠であり、それを可能とする実効性ある全学的なガバナンスと財政基盤の確立が求められる。

---

*1 プログラム中心の考え方に基づいた具体的な取組例としては、「育成する人材像に即した4年一貫の教育プログラム」（新潟大学）や「カリキュラム・フロー（マップ）到達目標達成型の教育プログラム」（金沢工業大学）がある（関連データ（p 72））。

　教員にはそれぞれの授業において学生の知的・人間的能力を開花させる質の高い教育を展開する責任がある。学生がその潜在的能力を眠らせたまま大学を卒業してしまうことは、当該学生にとっても、社会にとっても大きな損失であり、学長や教学担当副学長等の全学的な教学マネジメントに当たる者は、潜在的能力を含めて学生の能力を開花させる学士課程教育を大学が組織的に提供する責任があることを改めて認識する必要がある。
　以上のように、質を伴った学修時間の実質的な増加・確保はあくまでも好循環の始点であり、手段である。教員や学生が個々の授業科目の充実や学修にエネルギーを投入し、学修意欲を高めて主体的な学修を確立するために、各授業科目の内容・方法の改善、授業科目の整理・統合や相互連携、履修科目の登録の上限の適切な設定等に取り組むことが必要なのであって、ただ授業時数を増加させたり、教員・科目間の連携や調整なく事前の課題を過大に課したりすることは、学修意欲を低下させることはあっても、学士課程教育の質的転換に資することにはならない。また、授業科目の整理・統合は、教育課程における個々の学生の学修量を減少させるために行うものではなく、教育課程の体系性を高め、教員が個々の授業科目の充実に注ぐ時間とエネルギーを増やし、学生の主体的な学修を確立するために行われるべき方策であることは言うまでもない。

8．今後の具体的な改革方策

① 速やかに取り組むことが求められる事項
（大学）
　大学においては、各大学の状況を踏まえ、例えば、以下のような取組を行い、学士課程教育の質的転換を図ることが求められる。

　(ア) 学長を中心として、副学長・学長補佐、学部長及び専門的な支援スタッフ等がチームを構成し、当該大学の学位授与の方針の下で、学生に求められる能力をプログラムとしての学士課程教育を通じていかに育成するかを明示すること、プログラムの中で個々の授業科目が能力育成のどの部分を担うかの認識を担当教員間の議論を通じて共有し、他の授業科目と連携し関連し合いながら組織的な教育を展開すること、プログラム共通の考え方や尺度（アセスメント・ポリシー）に則った成果の評価、その結果を踏まえたプログラムの改善・進化という一連の改革サイクルが機能する全学的な教学マネジメントの確立を図る。学長を中心とするチームは、学位授与の方針、教育課程の編成・実施の方針（※）、学修の成果に係る評価等の基準について、改革サイクルの確立という観点から相互に関連付けた情報発信に努める。特に、成果の評価に当たっては、学修時間の把握といった学修行動調査やアセスメント・テスト（学修到達度調査）（※）、ルーブリック（※）、学修ポートフォリオ等、どのような具体的な測定手法を用いたかを併せて明確にする。教育プログラムの策定においては、ＣＡＰ制（※）やナンバリング等を実際に機能させながら、教員が個々の授業科目の充実にエネルギーを投入することを可能とするように授業科目の整理・統合と連携を図る。また、学位授与の方針に基づく組織的な教育への参画、貢献についての教員評価を行い、教員の教育力の向上・改善や処遇の決定、顕彰等に活用する。
　学部長の選任に当たっては、学長のリーダーシップの下で教学マネジメントを担い、大学教育の改革サイクルの確立を図るチームの構成員としての適任性という観点も重視する。

　(イ) 全学的な改革サイクルの確立のため、ワークショップを中心に「プログラムとしての学士課程教育」という基本的な認識の共有や教育方法に関する技術の向上に資する充実したＦＤを実施する。そのために、専門家（ファカルティ・ディベロッパー）の養成や確保、活用を図る。

(ウ) 学部等の縦割りの構造を超えて学士課程教育をプログラムとして機能させるためには、教員だけではなく、職員等の専門スタッフの育成と教育課程の形成・編成への組織的参画が必要であり、例えば、他大学との事務の共同実施等でリソースを再配置するといった工夫もしつつ、その確保と養成を図る。

（大学支援組織）

　大学の活動を支える大学間連携組織（コンソーシアム）、大学団体、学協会、認証評価機関、大学連携法人*1 等の大学支援組織は、学士課程教育の質的転換に大きな役割を果たすことが求められている。上記（イ）、（ウ）のファカルティ・ディベロッパーや教育課程の専門スタッフの養成・研修などのほか、例えば以下のような取組が期待される。

---

*1 ここでは、「独立行政法人の制度及び組織の見直しの基本方針」（平成 24 年 1 月 20 日閣議決定）において、「大学連携型」とされた独立行政法人を指す。大学入試センターと大学評価・学位授与機構を統合するとともに、廃止される国立大学財務・経営センターの業務を承継し、平成 26 年 4 月を目指し、創設することとされている「大学教育の質保証のための新法人」のほか、日本学術振興会、日本学生支援機構が該当する。

(ア) 大学情報の積極的発信について、一年間の成果を比較可能な形で情報発信する「アニュアル・レポート（年次報告書）（※）」として自己点検・評価の公表や活用を行うとともに、大学教育の質保証のための新法人において認証評価機関や大学団体等が参画した自律性の高い主体を設けて、平成 26 年度から本格的に運営する「大学ポートレート（仮称）（※）」の積極的な活用を促進する。「大学ポートレート（仮称）」の重要な役割の一つは、それぞれの大学がその機能や特色に応じてどのような教育に取り組み、成果を上げているかについて、数値以外を含む情報を提供することにより、社会において従来の偏差値等に偏したランキングとは異なる実態に即した大学像の共有を図ることにある。

(イ) アセスメント・テスト（学修到達度調査）、学修行動調査、ルーブリック等、学生の学修成果の把握の具体的な方策については、国際機関における取組の動向や諸外国の例も参考にしつつ、大学連携法人、大学間連携組織（コンソーシアム）、学協会等において速やかに、かつ多元的に研究・開発を推進する。

(ウ) 学士課程答申を踏まえた文部科学省の依頼により、日本学術会議は平成 22 年 8 月に「大学教育の分野別質保証の在り方について」を回答した。同回答の中

で提言された「分野別の教育課程編成上の参照基準」については、現在、日本学術会議において言語・文学や経営学、法学等の分野で審議が進んでおり、それらは、各専門分野の学修における知識の習得や能力の育成について指針を明確に整理した画期的なものとなっている。これらは、各大学における改革サイクルの確立に際して重要な参考になるものと考えられ、日本学術会議には引き続き他の分野についての審議の促進を期待したい。文部科学省はその旨を日本学術会議に依頼するとともに、各大学や認証評価機関におけるその活用を促す。

(エ) 大学評価の改善については、各認証評価機関の内部質保証（※）を重視する動き[*1]を踏まえ、全学的な教学マネジメントの下で改革サイクルが確立しているかどうかなど、学修成果を重視した認証評価が行われることが重要である（別添3参照）。また、それぞれの大学の特徴がより明確に把握できる客観的な指標の開発、大学がその機能を踏まえて重点を置いている教育活動や研究活動に着目した評価、後述するようにインターンシップ等で積極的に連携することが求められている地域社会や企業等の多様なステークホルダーの意見の活用、評価に関する業務の効率化を図ることなども重要である。これに関連して、文部科学省において、国際教育連携プログラムの評価や海外の大学との学位授与に関する連携の仕組みの在り方についても検討を進める。

---

*1 大学基準協会では平成23年度実施分から、大学評価・学位授与機構、日本高等教育評価機構では平成24年度実施分から、内部質保証の評価を導入している。（大学基準協会：http://www.juaa.or.jp/images/accreditation/pdf/e_standard/university/u_standard.pdf）（大学評価・学位授与機構：http://www.niad.ac.jp/n_hyouka/daigaku/__icsFiles/afieldfile/2011/06/28/no6_1_1_daigakukijun24.pdf）（日本高等教育評価機構：http://www.jihee.or.jp/download/02_24jisshitanko.pdf）

5 「これからの大学教育等の在り方について」
（教育再生実行会議第三次提言）
平成 25 年 5 月 28 日

　教育改革を最重要課題の1つとする第2次安倍内閣は、発足後ほどない平成25年1月に首相直属の教育再生実行会議（以下「実行会議」という。）を組織しています。この教育改革の重要な柱の1つは大学改革であり、その方針を具体的に示すものとして実行会議が取りまとめたのが、この第三次提言です。

　提言の柱は、グローバル化対応、イノベーション創出、教育機能強化、社会人の学び直し、そして大学のガバナンス改革・経営基盤強化の5つにあります。そのうちグローバル化対応については、「大学のグローバル化の遅れ」への危機感が全体導入部分の基調をなしていることに照らしてみても、特に重要視されていると言えます。

　この中で、大学教育の質保証については、間接的なものを含めれば提言の端々に見ることができます。まず、直接的なものとしては、「大学教育の質を一層保証する総合的な仕組みを構築する」という提言があります。具体的には、大学設置基準等の明確化や大学設置審査の高度化、大学に対する経営指導・支援、改善見込みのない大学への国としての対応等であり、主に私立大学を念頭に置いたものです。これらは、質的転換答申で言及された、大学のガバナンス改革という課題に強い関連性を持つものですが、そもそもガバナンス改革・強化は、提言の5つの柱のなかでも最も基本のものとされ、その点で私立大学に限ったものでありません。他箇所においても、「全学的教学マネジメントの改善」などの指摘が見られることは、このことを裏打ちしています。「教学マネジメント」という語自体は、比較的新しいものと言えますが、学長・教授会それぞれの権限のあり方などのガバナンス改革は、我が国において古くからあるテーマであり、また、質保証を学内の改革・改善のプロセスと強い関連のもとで見る見方は、「内

部質保証」や「ＰＤＣＡ」等の語とともに以前から利用されてきました。その点も含め、本提言はこれまでのさまざまな施策の流れの中で理解する必要があります。

　こうした流れは、社会において求められる人材が、高度化・多様化する中で、各大学が教育内容を充実させ、学生がより徹底して学ぶことのできる環境を整備することにあると指摘しています。

「これからの大学教育等の在り方について」（抜粋）

1．グローバル化に対応した教育環境づくりを進める。

　社会の多様な場面でグローバル化が進む中、大学は、教育内容と教育環境の国際化を徹底的に進め世界で活躍できるグローバル・リーダーを育成すること、グローバルな視点をもって地域社会の活性化を担う人材を育成することなど、大学の特色・方針や教育研究分野、学生等の多様性を踏まえた効果的な取組を進めることが必要です。また、優れた外国人留学生を積極的に受け入れることによって、大学の国際化を促し、教育・研究力を向上させ、日本の学術・文化を世界に広めることなども求められています。そのため、国は、交流の対象となる地域・分野を重点化したり、日本の文化を世界に発信する取組を併せて強化したりするなど、戦略性をもって支援していくことが重要です。

①徹底した国際化を断行し、世界に伍して競う大学の教育環境をつくる。

〇日本国内において世界水準の教育を享受したり、日本人研究者が海外の優秀な研究者との国際共同研究を質・量ともに充実したりできるよう、国は、海外のトップクラスの大学の教育ユニット（教育プログラム、教員等）の丸ごと誘致による日本の大学との学科・学部・大学院の共同設置や、ジョイント・ディグリー*1の提供など現行制度を超えた取組が可能となるような制度面・財政面の環境整備を行う。

*1 複数の大学の共同による学修プログラム修了者に対して授与される共同で単一の学位。

〇大学は、優秀な外国人教員の増員や教員の流動性の向上のため、年俸制を始め、教員の能力等に応じた新しい給与システムの導入を図る。また、日本人教員の語学力、特に英語による教育力を向上させ、英語による授業比率を上げる。外

国人教員の生活環境の整備・支援（英語による医療、子どもの教育、配偶者の就労支援等）、大学事務局の国際化などトータル・サポートのための体制を整備する。
○大学等は、外国の大学や現地企業等との連携により海外キャンパスの設置を進め、海外における魅力ある日本の教育プログラムの実施を図る。国は、日本の大学等の積極的な海外展開による国際連携を拡大するため、制度面・財政面の環境整備を行う。また、競争的資金 *2 について、その特性に応じ、日本人の海外における研究活動の支援を促進できるよう努める。

*2 資源配分主体が広く研究開発課題等を募り、提案された課題の中から、専門家を含む複数の者による科学的・技術的な観点を中心とした評価に基づいて実施すべき課題を採択し、研究者等に配分する研究開発資金。

○国は、大学のグローバル化を大きく進展させてきた現行の「大学の国際化のためのネットワーク形成推進事業（グローバル 30 事業）」等の経験と知見を踏まえ、外国人教員の積極採用や、海外大学との連携、英語による授業のみで卒業可能な学位課程の拡充など、国際化を断行する大学（「スーパーグローバル大学」（仮称））を重点的に支援する。国際共同研究等の充実を図り、今後 10 年間で世界大学ランキングトップ 100 に 10 校以上をランクインさせるなど国際的存在感を高める。
○国は、各大学がグローバル化に対応した教育方針を策定・公表し、グローバルな視点から地域社会の発展を支える知的推進拠点としての役割を果たしていくための積極的な取組を支援する。

②意欲と能力のある全ての学生の留学実現に向け、日本人留学生を 12 万人に倍増し、外国人留学生を 30 万人に増やす。
③初等中等教育段階からグローバル化に対応した教育を充実する。
④日本人としてのアイデンティティを高め、日本文化を世界に発信する。
⑤特区制度の活用などによりグローバル化に的確に対応する。

3．学生を鍛え上げ社会に送り出す教育機能を強化する。
　社会において求められる人材が高度化・多様化する中、大学は、教育内容を充実し、学生が徹底して学ぶことのできる環境を整備する必要があります。今般、産業界の取組により、就職活動時期の後ろ倒しの動きが出てきていますが、確実に定着することを期待します。大学は、学生が学業に専念できる期間を確保でき

たことも踏まえ、待ったなしで改革に取り組み、若者の能力を最大限に伸ばし、社会の期待に応える必要があります。

5．大学のガバナンス改革、財政基盤の確立により経営基盤を強化する。
　上記に述べた提言の実現は、各大学が学内で意思決定し、改革に踏み出すかどうかにかかっています。意欲ある学長がリーダーシップを発揮して果敢に改革を進められるよう、大学のガバナンス改革を進めるとともに、改革を進める大学には官民が財政面の支援をしっかり行うことにより、経営基盤を強化する必要があります。

○国は、国立大学の強みや特色、社会的役割等を明確化しつつ、国立大学全体の将来構想を取りまとめた上で改革工程を平成25年夏を目途に策定し、それを踏まえた取組を促進する。また、国立大学は、年俸制の本格導入や学外機関との混合給与の導入などの人事給与システムの見直し、国立大学運営費交付金の学内における戦略的・重点的配分、学内の資源配分の可視化に直ちに着手し、今後3年間で大胆かつ先駆的な改革を進める。これらの取組を踏まえ、国は、教育や研究活動等の成果に基づく新たな評価指標を確立し、第3期中期目標期間（平成28年度以降）は、国立大学運営費交付金の在り方を抜本的に見直す。

○国や大学は、各大学の経営上の特色を踏まえ、学長・大学本部の独自の予算の確保、学長を補佐する執行部・本部の役職員の強化など、学長が全学的なリーダーシップをとれる体制の整備を進める。学長の選考方法等の在り方も検討する。また、教授会の役割を明確化するとともに、部局長の職務や理事会・役員会の機能の見直し、監事の業務監査機能の強化等について、学校教育法等の法令改正の検討や学内規定の見直しも含め、抜本的なガバナンス改革を行う。

○国は、国立大学運営費交付金・施設整備費補助金や私学助成、公立大学への財政措置など財政基盤の確立を図りつつ、基盤的経費について一層メリハリある配分を行う。その際、教育、研究、大学運営、社会活動等の幅広い観点からの教員評価や能力向上など、教員の力量を発揮させる改革を行う大学が評価されるような配分を検討する。また、大学等に配分される国の公募型資金について、全学的な共通インフラや教育・研究支援人材確保のための経費（間接経費）を設定し、直接経費を確保しつつ、間接経費比率を30％措置するよう努めるとともに、その効果的な活用を図る。あわせて、教育基盤強化に資する寄附の拡充や民間資金の自主的調達のため、税制面の検討を含めた環境整備を進める。

○我が国の高等教育の大部分を担っている私立大学が、多彩で質の高い教育を展

開するとともに、グローバルな視野を持つ地域人材の育成や、飛躍的に増大する社会人の学び直しに積極的に対応できるよう、国は、財政基盤の確立を図る。その際、建学の精神に基づく教育の質向上、地域の人づくりと発展を支える大学づくり、産業界や他大学と連携した教育研究の活性化等の全学的教育改革を更に重点的に支援する。また、大学設置基準等の明確化や大学設置審査の高度化、必要な経営指導・支援や改善見込みがない場合の対応など、大学教育の質を一層保証する総合的な仕組みを構築する。

6 「第2期教育振興基本計画」閣議決定 平成25年6月14日

　第2期教育振興基本計画（以下「本基本計画」という。）は、我が国の教育全般に関する国の施策に関し、今後の計画を定めたものです。「第2期」とあるように、平成20年度から24年度までの第1期を受け、さらにその後の5年間に取り組むべきことを、具体的に30の「基本施策」として示したものです。

　基本施策8には、これまでの答申等の議論の流れを受け、学士課程教育の質的転換のために、主体的な学修に要する総学修時間の実質的な確保を始めとして、教育課程の体系化、組織的な教育の実施、授業計画の充実、教育の教育力の向上を含む課題に取組むための全学的な教学マネジメントの改善など、一連の方策に連動して取り組んでいくことの重要性を指摘しました。

　また、高等教育の質保証に限って本基本計画を見ると、基本施策9に「大学等の質保証」を取り上げられています。高等教育だけでなく初中等教育

から生涯学習に至る広範な内容の中で、30ある基本施策のうちの1つが質保証に充てられているというのは、高等教育においてそれだけ質保証が重要視されていることの現れであるとも言えます。この基本施策9「大学等の質保証」が具体的にその内容とするのは、設置基準、設置認可、認証評価等の間で相互連携を進めて質保証を徹底することや、新たに稼働する「大学ポートレート」を活用した積極的な情報発信、認証評価における学修成果の重視、分野別質保証の推進、日中韓における質の高い大学間交流を拡大させる「キャンパス・アジア」構想の推進等の視野に立った施策で、その関連として専門学校の質保証・質向上にも言及しています。もっとも、設置認可審査の的確な運用や、学修成果、分野別評価に関すること、大学情報の積極発信等は、第1期の教育振興基本計画においても言われていました。そもそも、これまでの施策の成果を総括して、多くの課題においてその「達成はいまだ途上」とするのが本計画全体の立場です。したがって、第1期からの連続性において見るべき側面を持つのは、高等教育の質保証のみでは必ずしもありません。具体的な施策において、これまでの議論の流れとの連続性も見せつつ、平成24年度の質的転換答申の内容を踏まえた「学生の主体的学び」の確立という新たな成果目標を目指して、今後の方向性を示したのが、本基本計画であると言えます。

「第2期教育振興基本計画」閣議決定（抜粋）

基本施策8 学生の主体的な学びの確立に向けた大学教育の質的転換

【基本的考え方】

○知識を基盤とした自立、協働、創造の社会モデル実現に向けて、「生きる力」の基礎に立ち、生涯にわたり学び続け、主体的に考え、どんな状況にも対応できる「課題探求能力」を有する多様な人材を育成する。

○学士課程教育においては、学生が主体的に問題を発見し、解を見いだしていく能動的学修（アクティブ・ラーニング）や双方向の講義、演習、実験等の授業

○を中心とした教育への質的転換のための取組を促進する。
○学士課程教育の質的転換のために、事前の準備や事後の展開も含め、主体的な学修に要する総学修時間の実質的な増加・確保を始点として、教育課程の体系化、組織的な教育の実施、授業計画（シラバス）の充実、教員の教育力の向上を含む諸課題を進めるための全学的な教学マネジメントの改善などの諸方策が連なってなされる「質的転換のための好循環」の確立を図る。
○その上で、大学院においては、世界の多様な分野において活躍する高度な人材を輩出するため、大学院の教育課程の組織的展開の強化を図る。

【現状と課題】
○予測困難な今の時代を生きる若者や学生にとって、大学での学修が次代を生き抜く基盤となるかどうかは切実な問題となっている。また、地域社会や産業界は変化に対応したり未来への活路を見いだしたりする原動力となる有為な人材の育成を大学に求めるようになっており、「答えのない問題」について最善解を導くために必要な知識・能力を鍛え、生涯学び続ける力、主体的に考える力を持った人材を育成することが、大学教育の直面する大きな目標となっている。
○学士課程教育の質的転換の前提として、主体的な学修に要する総学修時間の確保が重要であるが、我が国の学生の学修時間は、卒業の要件から想定される学期中の1日当たりの総学修時間8時間程度の約半分である4.6時間との調査結果もあり、これは例えばアメリカの大学生と比較しても極めて短いと言わざるを得ない。また、国民、産業界や学生は、学士課程教育の現状に満足していないとの調査結果もある。
○なお、質を伴った学修時間の実質的な増加・確保は飽くまでも好循環のための始点であり、手段である。ただ授業時数を増加させたり、事前の課題を過大に課したりすることは、学修意欲を低下させることはあっても、学士課程教育の質的転換に資することにはならない。
○また、学士課程教育をめぐる問題の背景・原因として、「学士課程教育の構築に向けて」（平成20年12月中央教育審議会答申）が期待した学位を与える課程（プログラム）としての「学士課程教育」という概念の定着がいまだ途上であること、主体的な学修の確立の観点から学生の学修を支える環境をさらに整備する必要があること、初等中等教育、特に高等学校教育と高等教育の接続や連携が必ずしも円滑とは言えない状況にあること（基本施策10参照）、地域社会や企業など、社会と大学との関係を見直す必要があること（基本施策13、21

参照）が挙げられる。
○このような学士課程における改革の取組とともに、大学院教育においては、高度な能力を持った人材輩出といった社会からの要請に応えるため、個々の担当教員がそれぞれの研究室で行う研究に依存することのない、体系的な大学院教育の課程の提供が必要となっている。

【主な取組】
8－1 改革サイクルの確立と学修支援環境整備
・学長を中心とするチームを構成し、学位授与の方針の下で、体系的な教育課程の編成、組織的な教育の実施、成果の評価、その結果を踏まえたプログラムの改善・進化を行うという一連の改革サイクルが機能する全学的な教学マネジメントの確立を促進する。

そのため、教学に関する制度の見直しを図るとともに、補助金等の配分に当たっては、例えば、組織的・体系的な教育プログラムの確立など、十分な質を伴った学修時間の実質的な増加・確保をはじめ教学上の改革サイクルの確立への取組状況を参考の一つとする。

その際、ティーチング・アシスタント等の教育サポートスタッフの充実、学生の主体的な学修のベースとなる図書館の機能強化、ＩＣＴを活用した双方向型の授業・自修支援や教学システムの整備など、学修環境整備への支援や、基本施策１７の学生に対する経済的支援も連動させながら促進する。ＩＣＴの活用に関しては、例えば、近年急速に広まりつつある大規模公開オンライン講座（ＭＯＯＣ）（※１）による講義の配信やオープンコースウェア（ＯＣＷ）（※２）による教育内容の発信など、大学の知を世界に開放するとともに大学教育の質の向上にもつながる取組への各大学の積極的な参加を促す。あわせて、学生の思考を引き出す教科書等の教材や教育方法の開発・研究など、教育に関する特色ある自発的な取組を支援する。

また、学生が学修に専念できるよう環境を保障する観点からも、就職採用活動の早期化・長期化の是正に関係府省、産業界と連携しつつ取り組む。

※１ 実際の講義と同様に、インターネット上で大勢に講義を提供し、かつ無償公開する講義形態のことで、修了者には履修証明を発行するサービス。
※２ 大学等で正規に提供された講義とその関連情報のインターネット上での無償公開活動。

8-2 専門スタッフの活用と教員の教育力の向上

・各大学における教学システムの確立に不可欠なファカルティ・ディベロップメント（ＦＤ）（※）の専門家、あるいは入学者選抜や教学に関わるデータ分析、テスト理論や学修評価等の知見を有する専門スタッフの養成、確保、活用のために、拠点形成や大学間の連携の在り方等に関する調査研究を行う。なお、これと並行して、体系的なＦＤの受講と大学設置基準第１４条（教授の資格）に定める「大学における教育を担当するにふさわしい教育上の能力」の関係の整理について検討を行う。

※ 教員が授業内容・方法を改善し向上させるための組織的な取組の総称。

8-3 学修成果の把握に関する研究・開発

・学生の学修成果の把握の具体的な方策について、国際機関における取組の動向や諸外国の例も参考にしつつ、大学間連携組織（コンソーシアム）、学協会等における速やか、かつ多元的な研究・開発を推進する。

8-4 「プログラムとしての学士課程教育」という概念の定着のための検討

・現行の大学制度は大学や学部・学科、研究科といった組織に着目して構成されている。こういった状況を踏まえ、「プログラムとしての学士課程教育」という概念の定着のために、望ましい大学制度の在り方等について検討を進める。

8-5 大学院教育の改善・充実

・大学院教育については、「第２次大学院教育振興施策要綱」（平成２３年度〜平成２７年度）に基づき、コースワーク（※）から研究指導へ有機的につながりを持った体系的な教育を確立するとともに、産業界等との連携を一層促進することにより、教育内容・方法を改善・充実する。

また、世界を牽引するリーダーの養成に向けて、大学院教育の抜本的な改革・強化を図るなど、基本施策１５－１に記載した取組を進める。

※ 学修課題を複数の科目等を通して体系的に履修すること。

8-6 短期大学の役割・機能の検討推進

・高等教育の機会均等、教養教育や職業教育、地域の生涯学習の拠点といった役割を果たしている短期大学士課程についても、授業計画の充実など大学教育の質的転換をめぐる課題は共通するものであり、その特性を踏まえつつ、短期大学の役割や機能の在り方について更に検討を行う。

基本施策９ 大学等の質の保証
【基本的考え方】
○ 学生の保護や国際通用性の観点から、大学等の質を保証し、基本施策８等における教育の質的転換の取組等とあいまって、その向上を促進するため、制度の改善や制度間の連携強化、教育研究活動の可視化促進などを図る。

【現状と課題】
○ 我が国の大学における公的な質保証システムは、「事前規制から事後チェック」への転換といった社会全体の動向を踏まえ、従来の事前規制として設置認可制度を弾力化しつつ、事後チェックとしての自己点検・評価制度に加え、認証評価制度を平成１６年度より導入しているところである。
○ その一方、質の保証を徹底する観点から設置基準・設置認可審査・アフターケア・認証評価・学校教育法による是正措置といった各要素の相互のつながりを強化する必要性など指摘がされている。
　また、基本施策８や１３で掲げる教育内容の充実のための取組や、基本施策２６から２８に掲げる大学ガバナンスの強化、機能別分化、財政基盤の強化の取組等とあいまって学生の保護や国際通用性の観点から、大学等における教育の質保証・向上を促進する必要がある。
○ 同時に、大学等は公的な機関として、その活動や取組について社会に対して説明責任を果たすことが極めて重要である。大学情報の活用・発信については、これまでも公表すべき教育情報の明確化やユネスコの情報ポータルを通じた正規の高等教育機関や制度の情報等の国際的な発信など段階的に取組が行われてきたが、一層の推進が求められている。

【主な取組】
９－１ 大学教育の質保証のためのトータルシステムの確立
・大学設置基準等の明確化や設置審査の高度化などを図るとともに、質保証に関係するシステム（設置基準、設置認可、認証評価等）間の相互の連携を進め、大学における質保証の徹底を図る。
９－２ 大学情報の積極的発信
・認証評価機関や大学団体等が参画した自律性の高い主体を設けて運営する「大学ポートレート（仮称）」（※）の積極的な活用を促進する。その際、それぞれの大学がその機能や特色に応じてどのような教育に取り組み、成果を上げているか

についての数値以外を含む情報を国内外の様々な者に提供することにより、社会において従来の偏差値等に偏したランキングとは異なる実態に即した大学像の共有が図られるように努める。

※ データベースを用いた教育情報の活用・公表のための共通的な仕組みのこと。

9－3 大学評価の改善
- 各認証評価機関の内部質保証（※）を重視する動きを踏まえ、全学的な教学マネジメントの下で改革サイクルが確立しているかどうかなど、学修成果を重視した認証評価が行われるよう、それぞれの大学の特徴がより明確に把握できる客観的な指標の開発、大学がその機能を踏まえて重点を置いている教育活動や研究活動に着目した評価、企業や地域社会等の多様なステークホルダーの意見の活用、評価に関する業務の効率化を促進する。

※ 高等教育機関が、自らの責任で自学の諸活動について点検・評価を行い、その結果をもとに改革・改善に努め、教育の質を自ら保証すること。

9－4 分野別質保証の取組の推進
- 高度専門人材の育成に向けて、大学及び高等専門学校における分野別質保証の構築・充実に向けた取組を促進する。
- また、日本学術会議において審議が進んでいる「分野別の教育課程編成上の参照基準」は、各大学における改革サイクルの確立に際して重要な参考となるものと考えられるため、各大学や認証評価機関の活用を促す。

9－5 国際的な高等教育の質保証の体制や基盤の強化
- 日中韓における質の高い大学間交流を拡大させる「キャンパス・アジア」の取組を推進する。また、高等教育の質保証に関する国際機関の取組や国際的な共通枠組み形成に貢献するため、我が国及び諸外国の高等教育制度に関する情報の収集・発信機能、国境を越えた教育連携・学修の評価等を担う体制を整備する。

9－6 専門学校の質保証・向上の取組の推進
- 専門学校については、教育の質保証・向上のため、基本施策１３－３に記載した取組を進める。

執筆者一覧

早田幸政　Hayata Yukimasa
中央大学 教授

工藤　潤　Kudo Jun
公益財団法人 大学基準協会 事務局長／大学評価・研究部長

岡本和夫　Okamoto Kazuo
独立行政法人 大学評価・学位授与機構 理事

伊藤敏弘　Ito Toshihiro
公益財団法人 日本高等教育評価機構 評価事業部長／評価研究部長

関根秀和　Sekine Hidekazu
大阪女学院 学事顧問

三木哲也　Miki Tetsuya
一般社団法人 日本技術者教育認定機構 業務執行理事、広報・啓発委員長

青島泰之　Aoshima Yasuyuki
一般社団法人 日本技術者教育認定機構 専務理事

成田喜一郎　Narita Kiichiro
東京学芸大学教職大学院 教授

山田礼子　Yamada Reiko
同志社大学 教授、学習支援・教育開発センター 所長

濱名　篤　Hamana Atsushi
関西国際大学 学長

佐藤浩章　Sato Hiroaki
大阪大学 准教授、教育学習支援センター 副センター長

船戸高樹　Funato Takaki
山梨学院大学 学習・教育開発センター 顧問

齊藤貴浩　Saito Takahiro
大阪大学 准教授

堀井祐介　Horii Yusuke
金沢大学 教授、大学教育開発・支援センター長

橋詰悦荘　Hashizume Etsuso
時事通信社大阪支社 次長兼編集部長

金子元久　Kaneko Motohisa
筑波大学 大学研究センター 特命教授

里見朋香　Satomi Tomoka
文部科学省、前・高等教育局大学振興課長、現・生涯学習政策局政策課長

石塚公康　Ishizuka Kimiyasu
読売新聞東京本社 編集局教育部 記者

前田早苗　Maeda Sanae
千葉大学 教授、普遍教育センター 副センター長

田代　守　Tashiro Mamoru
公益財団法人 大学基準協会 大学評価・研究部

栗林　泉　Kuribayashi Izumi
公益財団法人 大学基準協会 大学評価・研究部

松坂顕範　Matsuzaka Akinori
公益財団法人 大学基準協会 大学評価・研究部

【編著者紹介】

早田 幸政（はやた ゆきまさ）

中央大学法学部法律学科卒業、同大学大学院法学研究科博士（前期）課程修了。
地方自治総合研究所常任研究員を経て、1985年、財団法人大学基準協会に入局。
2001年より大学評価・研究部部長。2003年より金沢大学大学教育開発・支援センター教授。
2008年より大阪大学大学教育実践センター教授。2012年より同大学評価・情報分析室教授。
2014年より中央大学大学院公共政策研究科教授。同理工学部教授（理工学部教職課程委員長）。
金沢大学客員教授。

【主要著書】

『道徳教育の理論と指導法』エイデル研究所、2015年
『［入門］法と憲法』ミネルヴァ書房、2014年
『高等教育論入門』（共編著）ミネルヴァ書房、2010年
『大学関係六法』（編集代表）エイデル研究所、2010年
『地域公共人材教育研修と社会的認証システム』（共編著）日本評論社、2008年

大学の質保証とは何か

2015年5月31日　初刷発行

編　著■早田　幸政
発行者■大塚　智孝
発行所■株式会社 エイデル研究所
　　　　〒102-0073　東京都千代田区九段北4-1-9
　　　　TEL.03-3234-4641／FAX.03-3234-4644

装丁・本文DTP■大倉　充博
印刷・製本■中央精版印刷株式会社

Ⓒ Hayata Yukimasa 2015
Printed in Japan　ISBN978-4-87168-561-0 C3037
（定価はカバーに表示してあります）